最强大脑思维训练系列

——培养敏锐观察力

于雷 张晖 编著

清华大学出版社
北京

内 容 简 介

数独跨越了文字和文化的疆域,因此被誉为是一种全球化时代的益智游戏。数独内容有趣,简单易学,而且老少皆宜,无论是哪个年龄段的读者,都可以在本书中找到适合自己的题目。对于孩子,学习数独可以培养逻辑思维能力,开发大脑潜能;对于成年人,学习数独可以缓解工作压力,提高分析和思考能力;对于老年人,学习数独可以锻炼脑力,预防老年痴呆。

本书不仅详细地讲解了数独的基本解法和技巧,还提供了大量的数独题供大家练习。无论你是在闲暇时还是在旅途中,都可以随时填上几个数字,让自己沉浸在数独游戏的快乐中。

本书封面贴有清华大学出版社防伪标签,无标签者不得销售。

版权所有,侵权必究。举报:010-62782989,beiqinquan@tup.tsinghua.edu.cn。

图书在版编目(CIP)数据

优等生必玩的趣味数独:培养敏锐观察力/于雷,张晖编著.--北京:清华大学出版社,2021.3
(最强大脑思维训练系列)
ISBN 978-7-302-57354-8

Ⅰ.①优… Ⅱ.①于… ②张… Ⅲ.①智力游戏-青少年读物 Ⅳ.①G898.2

中国版本图书馆 CIP 数据核字(2021)第 016121 号

责任编辑:	张龙卿
封面设计:	徐日强
责任校对:	李　梅
责任印制:	沈　露

出版发行:清华大学出版社
网　　址:http://www.tup.com.cn,http://www.wqbook.com
地　　址:北京清华大学学研大厦 A 座　　　　邮　编:100084
社 总 机:010-62770175　　　　　　　　　　邮　购:010-62786544
投稿与读者服务:010-62776969,c-service@tup.tsinghua.edu.cn
质量反馈:010-62772015,zhiliang@tup.tsinghua.edu.cn

印 装 者:三河市君旺印务有限公司
经　　销:全国新华书店
开　　本:185mm×260mm　　　印　张:10.5　　　字　数:248 千字
版　　次:2021 年 5 月第 1 版　　　　　　　印　次:2021 年 5 月第 1 次印刷
定　　价:49.00 元

产品编号:090839-01

前言

近年来，数独跨越了文字和文化的界限，风靡全球，超过 10 亿人对它爱不释手。一般数独规则十分简单：在 9×9 的 81 个空格中填入 1~9 的数字，使得每行、每列、每个九宫格内的数字都不重复。数独游戏容易上手：解决数独谜题并不需要是个数学天才，而只需要一个人的逻辑能力和一点耐心。

正如有人所说：在这看似简单的小小一方九宫格上，用自己所有的想象力、逻辑推理能力和创新思维去感悟游走在成功与失败一线间的差别。

这种充满智慧与想象的数字迷宫可以锻炼一个人的逻辑推理能力和创新思维，并乐此不疲地寻找打开数字迷宫的钥匙！一些家长和教师把它作为开发孩子智力的有效工具。它不同于一般的娱乐游戏，它是一种健康的、科学的益智游戏，不仅可以让人提高智力，发挥想象力和培养创新思维，而且还能给人们带来无穷的快乐，锻炼人们的毅力。

本书系统、详细地讲解了数独解题的基本方法和技巧，并配有大量练习题目，是广大数独爱好者理想的解题指导用书。这些难度递进的游戏将使你沉浸在挑战谜题的乐趣中，通过想象、试探和逻辑推理，在变化无穷的九宫格中找出合乎要求的答案，让你在方寸之间获得成功的快乐体验。

从很简单到极困难，这些填数谜题都有着神奇的魔力。正如有人所说，它是一种令人上瘾的、风靡世界的数字迷宫游戏，玩了它就像"中毒"一样，唯一的"解药"就是下一道数独题。

真正的数独并非只是简单的数字和方格的机械变化，在数字的移行换位中隐藏着独一无二的思维创造：每一道数独题都只有唯一的答案，用纯粹的逻辑推理方法就可以破解。它是每个制作者与每个游戏者面对面进行的思想交锋！

编 者

2021 年 4 月

目 录

第一部分　初探门径：认识数独 …… 1
  一、数独概述 …………………………… 1
  二、数独的基本元素 …………………… 2
  三、解题技巧概述 ……………………… 3
  四、常规数独训练题 ………………… 26
    1. 数独（1）………………………… 26
    2. 数独（2）………………………… 26
    3. 数独（3）………………………… 27
    4. 数独（4）………………………… 27
    5. 数独（5）………………………… 28
    6. 数独（6）………………………… 28
    7. 数独（7）………………………… 29
    8. 数独（8）………………………… 29
    9. 数独（9）………………………… 30
    10. 数独（10）……………………… 30
    11. 数独（11）……………………… 31
    12. 数独（12）……………………… 31
    13. 数独（13）……………………… 32
    14. 数独（14）……………………… 32
    15. 数独（15）……………………… 33
    16. 数独（16）……………………… 33
    17. 数独（17）……………………… 34
    18. 数独（18）……………………… 34
    19. 数独（19）……………………… 35
    20. 数独（20）……………………… 35
    21. 数独（21）……………………… 36
    22. 数独（22）……………………… 36
    23. 数独（23）……………………… 37
    24. 数独（24）……………………… 37
    25. 数独（25）……………………… 38
    26. 数独（26）……………………… 38
    27. 数独（27）……………………… 39
    28. 数独（28）……………………… 39
    29. 数独（29）……………………… 40
    30. 数独（30）……………………… 40
    31. 数独（31）……………………… 41
    32. 数独（32）……………………… 41
    33. 数独（33）……………………… 42
    34. 数独（34）……………………… 42
    35. 数独（35）……………………… 43
    36. 数独（36）……………………… 43
    37. 数独（37）……………………… 44
    38. 数独（38）……………………… 44
    39. 数独（39）……………………… 45
    40. 数独（40）……………………… 45
    41. 数独（41）……………………… 46
    42. 数独（42）……………………… 46
    43. 数独（43）……………………… 47
    44. 数独（44）……………………… 47
    45. 数独（45）……………………… 48
    46. 数独（46）……………………… 48
    47. 数独（47）……………………… 49
    48. 数独（48）……………………… 49
    49. 数独（49）……………………… 50
    50. 数独（50）……………………… 50
  答案 …………………………………… 51

第二部分　高手养成：变形数独 …… 76
　一、变形数独概述 ……………… 76
　二、变形数独训练题 …………… 77
　　51．加法数独 ………………… 77
　　52．乘积数独 ………………… 77
　　53．运算数独 ………………… 78
　　54．斜线数独 ………………… 78
　　55．比例数独 ………………… 79
　　56．累加数独 ………………… 79
　　57．斜线相加数独 …………… 80
　　58．数比数独 ………………… 80
　　59．牡丹数独 ………………… 81
　　60．心心相印数独 …………… 81
　　61．奇偶数独 ………………… 82
　　62．毛虫奇偶数独 …………… 82
　　63．对角线数独 ……………… 83
　　64．摩天数独 ………………… 83
　　65．不连续数独 ……………… 84
　　66．连续数独 ………………… 84
　　67．花瓣连续数独 …………… 85
　　68．无缘数独 ………………… 85
　　69．黑白点数独 ……………… 86
　　70．杀手数独 ………………… 86
　　71．隐藏杀手数独 …………… 87
　　72．矩形杀手数独 …………… 87
　　73．数比杀手数独 …………… 88
　　74．黑洞数独 ………………… 88
　　75．年轮数独 ………………… 89
　　76．十字章数独 ……………… 89
　　77．勋章数独 ………………… 90
　　78．六角数独 ………………… 90
　　79．连体数独 ………………… 90
　　80．三连体数独 ……………… 91
　　81．超级数独 ………………… 92
　　82．锯齿武士数独 …………… 92
　　83．魔幻数独 ………………… 93
　　84．单元数独 ………………… 93
　　85．老板数独 ………………… 94
　　86．雪花数独 ………………… 94
　　87．毛虫数独 ………………… 95
　　88．XV数独 …………………… 95
　　89．单词数独 ………………… 96
　　90．字谜数独 ………………… 96
　　91．骰子数独 ………………… 97
　　92．奇怪数独 ………………… 97
　　93．数码数独 ………………… 98
　　94．幻方数独 ………………… 98
　　95．拼图数独 ………………… 99
　　96．箭头数独 ………………… 99
　　97．预约数独 ………………… 100
　　98．分隔数独 ………………… 100
　　99．星星数独 ………………… 101
　　100．繁星点点数独 …………… 101
　答案 ……………………………… 102

第三部分　魔鬼训练：数独的近亲 …… 131
　一、数独的近亲概述 …………… 131
　二、拓展数独训练题 …………… 131
　　101．数和游戏 ……………… 131
　　102．数墙游戏 ……………… 132
　　103．造桥游戏 ……………… 133
　　104．循数而行 ……………… 133
　　105．贪吃蛇 ………………… 134
　　106．数块游戏 ……………… 134
　　107．盒子游戏 ……………… 135
　　108．划分数块 ……………… 135
　　109．房间数独 ……………… 136
　　110．蜂窝数字 ……………… 136
　　111．涂黑数独 ……………… 137

112．势力范围游戏……………137
113．白色蔓延游戏……………138
114．数字配对……………………138
115．拼图游戏……………………139
116．拼正方形……………………139
117．积木数独……………………140
118．正方形钉板…………………140
119．三角形钉板…………………141
120．正六边形钉板………………141
121．连成四边形…………………142
122．4 等份钉板…………………142
123．放皇后………………………143
124．国王…………………………143
125．走遍天下……………………144
126．皇后巡游……………………144
127．象巡游………………………145
128．摆象…………………………145
129．车的巡游……………………146
130．放五角星……………………146

答案……………………………147

参考文献…………………………162

第一部分 初探门径：认识数独

一、数独概述

顾名思义，所谓数独，就是每个数字在每一行、每一列只能出现一次。

数独盘面是个9宫，每一宫又分为9个小格。

在这81个小格中给出一些已知数字和解题条件，利用逻辑和推理，在其他的空格上填入1~9的数字，使1~9每个数字在每一行、每一列和每一宫中都只出现一次。

这种游戏全面考验做题者的观察和推理能力。虽然玩法简单，但数字排列方式千变万化，所以不少教育家认为数独是训练逻辑思维能力的绝佳方式，如下图所示。

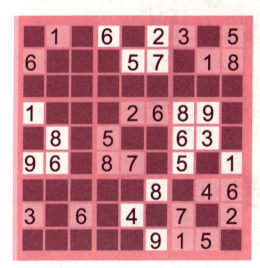
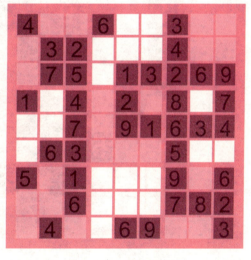

数独的前身是"九宫格"，最早起源于中国。数千年前，我们的祖先就发明了"洛书"，其特点比现在的数独更加复杂，要求在3×3的方格中填入1~9这9个数字，使横向、纵向及两条主对角线上的三个数字之和都等于15，而非简单的数字不能重复。

儒家典籍《易经》中的"九宫图"也源于此，故称"洛书九宫图"。而"九宫"之名也因《易经》在中华文化发展史上的重要地位而保存、沿用至今。

1783年，瑞士数学家莱昂哈德·欧拉发明了一种当时被称作"拉丁方块"（Latin square）的游戏，这个游戏是一个 $n×n$ 的数字方阵，每一行和每一列都是由不重复的 n 个数字或者字母组成的。

19世纪70年代，美国的一家数学逻辑游戏杂志《戴尔铅笔字谜和词语游戏》开始刊登这种游戏，当时人们称之为"数字拼图"，在这个时候，9×9的81格数独才开始成型。

1984年4月,在日本游戏杂志《字谜通信》上出现了这种游戏,当时提出了"独立的数字"的概念,意思就是"每个数字只能出现一次",并将这个游戏命名为"数独"(sudoku)。

一位新西兰籍法官高乐德在1997年3月到日本东京旅游时,无意中发现了这种有趣的游戏。他首先在英国的《泰晤士报》上发表,不久其他报纸也开始发表,很快便风靡全英国,之后他用了6年时间编写了计算机程序,并将它放在网站上,使这个游戏很快在全世界流行起来。从此,数独就开始风靡全球。

随后因数独的流行衍生了许多类似的数学智力拼图游戏,例如,数和、数谜、数回等。

二、数独的基本元素

下图为数独基本元素示意图。

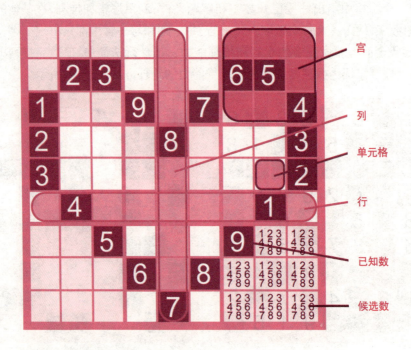

单元格:数独中最小的单元,标准数独中共有81个。

行:横向9个单元格的集合。

列:纵向9个单元格的集合。

宫:粗线划分的区域,标准数独中为3×3的9个单元格的集合。

已知数:数独初始盘面给出的数字。

候选数:每个空单元格中可以填入的数字。

为了在解题过程中便于确定某一个格子的位置,我们把这81个小格用(a,b)来表示,其中a代表行,b代表列。(a,b)则表示第a行、第b列那个单元格。本书通用这一规则。

三、解题技巧概述

数独的解题技巧大致可分为直观法和候选数法两种。

直观法不需任何辅助工具,玩数独谜题时只需有一支笔。直观法是初学者或没有计算机辅助时的首选解题方法。相对而言,能解出的谜题也比较简单。

候选数法需先对候选数列表,所以解答数独谜题时常需要计算机辅助,或使用候选数法的辅助解题用纸,需经过一段相当长的时间才会出现第一个解。候选数法是使用高阶直观法技巧或有计算机辅助时的首选解题方法。相对而言,能解出较复杂的谜题。

数独的解谜技巧刚开始发展时,以易于上手的直观式解法为主。对于初入门的人来说,这也是较容易理解和接受的方法。其实就算是资深的高手,当身边没有计算机协助更新候选数列表时,大多数仍会采用直观法,因为候选数列表的建立及更新若采用手动方式操作,一是十分烦琐,二是容易出错,而候选数法对于候选数列表的正确性要求是不能有一点误差的。一般报纸杂志上的数独谜题为了迎合大众,大抵属简易级或中级,如果能灵活运用直观法,通常解答起来游刃有余。但若是网站上的复杂数独谜题,则常常需用候选数法才能解出来。

(一)直观法

1. 基础摒除法

基础摒除法就是利用 1~9 的数字在每一行、每一列、每一个九宫格都只能出现一次的规则进行解题的方法。基础摒除法可以分为九宫格摒除、列摒除、行摒除。

实际寻找解的过程如下。

(1)寻找九宫格摒除解:找到了某数在某一个九宫格中可填入的位置只余一个的情形,即找到了该数在该九宫格中的填入位置。

(2)寻找列摒除解:找到了某数在某列可填入的位置只余一个的情形,即找到了该数在该列中的填入位置。

(3)寻找行摒除解:找到了某数在某行可填入的位置只余一个的情形,即找到了该数在该行中的填入位置。

基础摒除法解题技巧示范如下。

(1)直射排除。具体如下。

因为行、列内的数字不能重复,所以用出现的数字就可以排除同行、同列的空白单元格内填入该数字的可能性,起到排除的作用。行、列排除像光线直接照射过去一样,故名为直射排除,见图 (a) ~ (c)(提示:圆点处为排除后可以填入确定数字的位置,下同)。

(2)折射排除。具体如下。

利用直射排除法确定一个包含该数字的范围,再利用该范围去排除同行、同列内填入该数字的可能性,起到排除的作用。确定范围后再次更改方向进行排除,像光线折射后照射过去一样,故名为折射排除,见图 (d)。

优等生必玩的趣味数独 —— 培养敏锐观察力

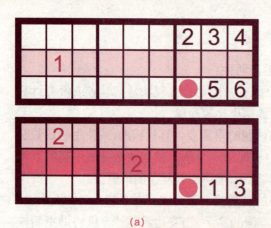

(a)

(b)

(c)

(d)

(3) 散射排除

因为宫内的数字不能重复,所以出现的数字就可以排除同宫的空白单元格内填入该数字的可能性,起到排除的作用。宫排除像光线发散照射过去一样,故名为散射排除,见图 (e)。

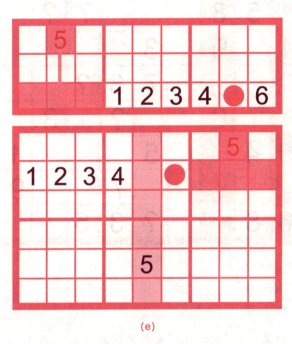

(e)

基础摒除法应用实例如下。

上图中,可以用基础摒除法确定 (2, 2)、(3, 8)、(5, 7)、(6, 6)、(9, 5) 单元格的数字吗?

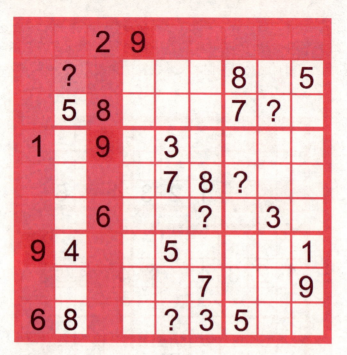

(1,4) = 9,第一行排除9；

(7,1) = 9,第一列排除9；

(4,3) = 9,第三列排除9。

提示：(1,4) 表示第一行、第四列位置的单元格应填入的值，(7,1) 表示第七行、第一列位置的单元格应填入的值。其他以此类推。

由基础摒除法可知,第一宫中只有一个唯一的位置 (2,2) 为9。

第一部分 初探门径：认识数独

(1,4) = 9，第四列排除 9；
(7,1) = 9，第七行排除 9；
(8,9) = 9，第八行排除 9。
由基础摒除法可知，第八宫中只有一个唯一的位置 (9,5) 为 9。

(1,4) = 9，第四列排除 9；
(4,3) = 9，第四行排除 9；
(9,5) = 9，第五列排除 9。
由基础摒除法可知，第五宫中只有一个唯一的位置 (6,6) 为 9。

(1，4) = 9，第一行排除 9；

(2，2) = 9，第二行排除 9；

(8，9) = 9，第九列排除 9。

由基础摒除法可知，第三宫中只有一个唯一的位置（3，8）为 9。

		2						
	9					8		5
	5	8				7	9	
1		9		3				
				7	8	?		
		6			9		3	
9	4			5				1
					7			9
6	8		?	3	5			

(4，3) = 9，第四行排除 9；

(6，6) = 9，第六行排除 9；

(3，8) = 9，第八列排除 9；

(8，9) = 9，第九列排除 9。

由基础摒除法可知，第六宫中只有一个唯一的位置（5，7）为 9。

2．单元摒除法

单元摒除法虽属于进阶的技巧，但已入门的人在解题时，可以很容易地配合基础摒除法使用，以增加找到解的机会。所以，即使是初级的题目，在解题时也可以应用此法，并非在用基础摒除法找不到解时才用此法。

单元摒除法应用实例如下。

第一部分 初探门径：认识数独

你能在上图的第一宫中找到数字 1 的填入位置吗？

由于（8，6）的列摒除，使得数字1可填入第二宫的位置只剩下（1，4）及（2，5）。另外，由于（6，9）和（9，7）的列摒除，使得数字1可填入第三宫的位置只剩下（1，8）和（2，8）。因为这4个宫格恰好在相同的两列上，所以第二宫的数字1填在（1，4）位置上是不行的，因为第一行只能有一个数字1，所以第三宫的数字1就只能填到（2，8）位置上；如果第二宫的数字1填在（2，5）位置上，而第二行只能有一个数字1，那么第三宫的数字1就只能填到（1，8）位置上。

无论产生哪一种情况，第一行和第二行的数字1都只能填在第二宫和第三宫中，所以第一宫的第一行和第二行的数字1出现的可能性被摒除。

再配合（4，1）和（7，3）的基础列摒除，可得第一宫中数字1的位置只能在（3，2）。

3．区块摒除法

区块摒除法是对基础摒除法的提升，是直观法中使用频率最高的方法之一。

所谓区块，就是指一个宫中的三个相连的小方块。这样行就可以分成3个区块，列也可以分成3个区块。九宫格同样可以分成3个区块，示意图如下。

行区块

第一部分 初探门径：认识数独

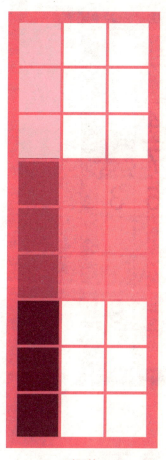
列区块

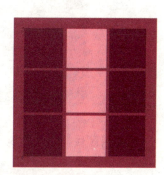
宫格区块

区块摒除法的核心思想讲解如下。

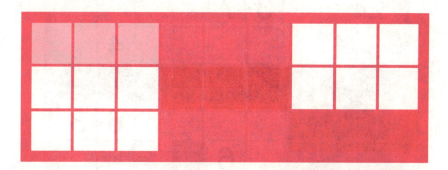

假定我们已确定上图第一宫区块中含有数字 9，第二宫区块中也含有数字 9，则在第三宫区块中一定含有数字 9。如果再通过其他方法确定第三宫区块中某两个宫格不能为数字 9，则就能确定数字 9 在第三宫区块的具体位置了。

区块摒除法应用实例如下。

优等生必玩的趣味数独 —— 培养敏锐观察力

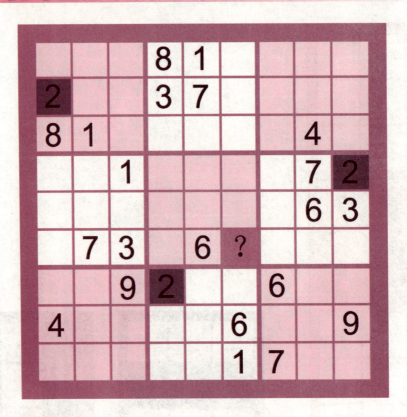

能使用区块摒除法确定上图中（6，6）的数字吗?

12

因为（4,9）=2,则第四宫中第二行区块或第三行区块中包含数字2。

又因为（2,1）=2,利用列摒除法,（5,1）、（6,1）不能为数字2。而（6,2）、（6,3）已填有数字,所以（5,2）、（5,3）必有数字2。

优等生必玩的趣味数独 —— 培养敏锐观察力

由上图得出第六宫区块、第四宫区块都包含数字2，这是典型的区块摒除法，得到第五宫区块包含数字2。

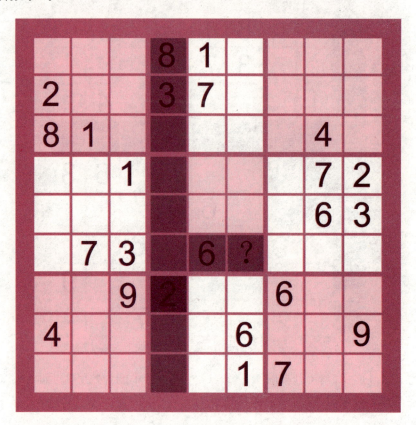

因为（7，4）=2的列摒除，且（6，5）已填入数字，所以（6，6）=2。

4. 唯一解法

行唯一解：当某行已填数字的宫格达到8个，那么该行剩余宫格能填的数字就只剩下那个还没出现过的数字了。

列唯一解：当某列已填数字的宫格达到8个，那么该列剩余宫格能填的数字就只剩下那个还没出现过的数字了。

九宫格唯一解：当某九宫格已填数字的宫格达到8个，那么该九宫格剩余宫格能填的数字就只剩下那个还没出现过的数字了。

唯一解法解题技巧示范如下。

因为同行、同列、同宫内的数字不能重复且为1～9，如果与一个单元格同行、同列、同宫并已经出现了8个已知数字，那么这个单元格就填入剩余的那个数字。

第一部分 初探门径：认识数独

下面是唯一解法应用实例。

（1）实例1

由上图可知，第一行填入了 8 个数字，第一行只有数字 3 没有出现过，所以（1，9）= 3，这是行的唯一解。

7	6	2	9	8	5			
3	9	1	7			8		5
4	5	8		3			7	9
1		9		3				
?				7	8			
8		6			9		3	
9	4			5				1
2					7			9
6	8	7		9	3	5		

由上图可知，第一列填入了 8 个数字，第一列只有数字 5 没有出现过，所以（5，1）= 5，这是列的唯一解。

5						4	?	8
		6	9			7	5	2
	9	4	8	2		1	3	6
9	8			1	3	6		4
6			5	8	2	3		9
		3	6					
2		9						
				7			4	
				8	9			

第一部分 初探门径：认识数独

由上图可知，在第三宫中已经填入 8 个数字，只有数字 9 没有出现过，所以（1，8）= 9，这是九宫格唯一解。

唯一解法道理非常简单，但在实际使用时比较困难，要注意识别，因为在实际应用时不会那么容易发现缺少的数字。

（2）实例 2

能使用唯一解法确定上图中（2，7）的值吗？

这道题也不算难。（2，7）所在的行、列及宫格综合来看，只缺少数字 8。

（3）实例 3

17

能确定上图中（1，9）、（2，9）、（3，9）、（5，9）的值吗？

	5	3	1		8		7	
8			4			9		
9	6			1		5		7
								9
		4			5			3
		6	7					5
4			8					1
	7		3					6

由（3，7）=9，可以得知（7，8）、（8，8）、（9，8）一定有一个是9，由区块摒除法可以得出（5，9）=9。

	5	3	1		8		7	
8			4			9		?
9	6			1		5		7
								9
		4			5			3
		6	7					5
4			8					1
	7		3					6

第一部分 初探门径：认识数独

由唯一解法可得，(3, 9) =2。

同样，可得出 (2, 9) =4, (1, 9) =8。

5. 余数测试法

余数测试法就是在某行、某列或某个九宫格中已经填上的数字比较多，只在剩下的 2 个或 3 个宫格中填入某个值进行测试的解题方法。

余数测试法应用实例如下。

19

优等生必玩的趣味数独——培养敏锐观察力

在上图第二行和第三行中,剩余未填的数字只有两三个了,这时可以使用余数测试法进行解题。

	3	2	9				7	
1	4		7	3	8	9		2
7	9	8	6	4	2			
8	6	3	1	2	4	5	9	7
	5	1	3					
	2	7	8				3	1
			2		3	7	4	
2		4	5		6			
3			4	8				6

在上图第二行中,(2,3)可以填入的数字为5或者6,所以先用5进行测试。

6	3	2	9				7	
1	4	5	7	3	8	9	6	2
7	9	8	6	4	2			
8	6	3	1	2	4	5	9	7
	5	1	3					
	2	7	8				3	1
5		6	2		3	7	4	
2		4	5		6			
3		9	4	8				6

第一部分 初探门径：认识数独

在（2，3）填入5以后，可以得到下图，没有得出出错的推断，所以（2，3）=5可能是正确的判断。

不过该题并没有解完，只找到一个合理的解还不够，还要能判断出（2，3）≠ 6，才能肯定（2，3）=5。

所以下面我们还要用（2，3）=6进行测试。

在（2，3）填入6后，可以推出（2，8）=5。

观察第三行，（3，7）、（3，8）、（3，9）必含有数字5。

因此，（2，3）=6是错误的，从而得出（2，3）=5。

（二）候选数法

候选数法是先建立候选数列表，根据各种条件，逐步安全地排除每个宫格候选数中不可能取值的数，直至剩下最后一个候选数，这个数字就是该宫格的解。

使用候选数法一般能解答比较复杂的数独题目。但是候选数法的使用没有直观法那么直接，需要先建立一个候选数列表。所以实际应用时可以先利用直观法进行解题，若无法用直观法解题时，再使用候选数法解题。

候选数法解题的过程就是逐渐排除不合适的候选数的过程，所以在进行候选数删除的时候一定要小心，确保安全地删除不合适的候选数，否则就只有重新做题了。

首先，我们来制作一张候选数表（见下图），其中每一个宫格中的数字1~9代表的是本宫格在解题时还可以填入的数字。如果某一个数字已被摒除在本宫格的可填入范围之内，就必须将其删除。所以当要在某个宫格中填入数字时，只要从该宫格的候选数中挑选即可，不在该宫格候选数中的数字是不可以填入该宫格中的。

下图是一个简单的数独谜题，数独中每填入一个数字，必须将该数字所处宫格的行、列及九宫格的相关各宫格的候选数都划掉。例如，当将数字 5 填入（1，7）后，必须将（1，7）的候选数全部删除，并将数字 5 从第一行、第七列及第三宫的各个宫格候选数中删除，因为这些宫格都已经不能再填入数字 5 了。

第一部分　初探门径：认识数独

当所有已知数字都填入后,如果某一宫格内只有一个候选数,那么这个宫格内一定填该数字。

同时别忘了,继续删除同行、同列和同一宫中其他宫格的这个候选数字……

下面简单介绍几种常用的候选数法。

1. 唯一候选数法

候选数法解题的过程就是逐渐排除不合适的候选数的过程。当某个宫格的候选数排除到只有一个数的时候,那么这个数就是该宫格唯一的一个候选数,这个候选数就是解了。

唯一候选数法应用实例如下。

上图中,可以排除（4,3）为1、2、3、5、6、7、8、9的可能,经过候选数的安全删除后,（4,3）中只有4这个唯一的候选数了。

2. 隐性唯一候选数法

当某个数字在某一行各宫格的候选数中只出现一次时,那么这个数字就是这一列的唯一候选数了,这个宫格的值就可以确定为该数字。这是因为,按照数独游戏的规则要求每一列都应该包含数字1～9,而其他宫格的候选数都不含有该数字,则该数字不可能出现在其他的宫格中,就只能出现在当前宫格中了。对于唯一候选数出现在某一列或九宫格的情况,处理方法完全相同。

隐性唯一候选数法应用实例如下。

优等生必玩的趣味数独 —— 培养敏锐观察力

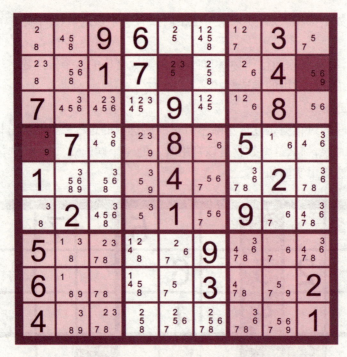

上图是制作好的一个候选数表,注意观察(2,5)、(2,9)、(4,1)中的数字。

由上图可以看出在第一列中,数字9只在(4,1)出现;在第五列中,数字3只在(2,5)出现;在第三宫中,数字9只在(2,9)出现。

所以9是第一列的隐性唯一候选数,3是第五列的隐性唯一候选数,9是第三宫的隐性唯一候选数。

所以可以确定:(4,1)= 3,(2,5)= 3,(2,9)= 9。

3．区块删减法

区块删减法和直观法中的区块摒除法的原理是一样的，通过已知某一区块包含某个数字，可以删减某些宫格的候选数。

区块删减法应用实例如下。

下图中第五宫内的两个候选数5把同列的其他两宫的5排除了，因为该列的5被锁定在这两格中。

候选数法还有很多技巧，也比较复杂。本书中的题目用直观法都可以解答出来，故这里对候选数法不进行详细叙述，有兴趣的读者可以另外阅读相关资料。

四、常规数独训练题

1. 数独（1）

	2							
6	1					9		
				8	5			
								3
	7			4		8		
	9		6					
	3						7	
	5							4
			1		2			

2. 数独（2）

		1		2		5		
						2	7	
3			5	7			9	
7			8		5			
			2	4			6	
		8				3		
9	7							
		5			9	1		
8			7		4		5	

第一部分 初探门径：认识数独

3. 数独（3）

	9			5				
		3			1	2		4
			2		8			
	7						9	6
1		2				3		
			8					
					7			5

4. 数独（4）

8	4							
				1				
					3			5
2		5						7
			8	4			9	
				2			8	
			3	9		5		
			6					

5. 数独（5）

				8				
	8			9			6	2
5								4
				1			3	
	2	6	4					
	3							
9	8						5	
				6		7		

6. 数独（6）

8		1	3					6
		9		6	1	7		2
7	6	9						
4					9		2	3
		4				2	5	
6	5			9		4	7	2

7. 数独（7）

					7			4
	4				6			
		1				9		
7								6
		8		1				
			3					
6					2			
	2					1	3	
						8		

8. 数独（8）

					9		5	6
8	4							
					2			
7	3			8				
				3				
					6			9
			7	4			8	
	1							2
	6							

9. 数独（9）

	2	4				7		
				6	8			9
9							5	8
		3						
				2		4		
						3	2	
8					9			
		5						

10. 数独（10）

	7							
				3	2			
4	1							8
				9		6	5	
	8		4					
		6						
		5					3	
		2					9	
			1	7				

第一部分 初探门径：认识数独

11. 数独（11）

					1			4
		5					8	
2				9				
1	4					2		
9								
							6	5
					7			
		7		8	5			
								1

12. 数独（12）

6							4	
					3			
			1		9			7
		1						
		8	7		5			
							2	6
					2			
				4	6			
				5				1

13. 数独（13）

	4	7	2					
8			9					
		3	8	1			4	
	6		4				5	9
4								8
7	3			8			2	
	8		6	7		2		
				5				1
				2		6	7	

14. 数独（14）

5			2			1		3
				9	8			
					6	4		
							8	
1			4					
	9						2	
						5		
				3				
	6			2	9			

15. 数独（15）

		8				3		
		7						
				6			2	
	2							
				3	7			
4	6							1
				5		8		9
	1		4					
			9			5		

16. 数独（16）

							1	5
	3	4	8					
6				5	2			
					1			
		9				3		
5	2							
		8	3			4		
			6					

17. 数独（17）

					1			
			5			8	1	4
					2		3	9
9								
	8		1		7		2	
5			3		6			
4				6		9		8
							4	2
	5							6

18. 数独（18）

	5		9				8	1
				1	4		5	
1				5	3			
	5	1						
							1	5
	9	8	5	2	1			
4			1		5			
					6	5	1	
5	1	7				4	9	

19. 数独（19）

	3			6	5			
9				7			3	
			3		9	4		
		6				3		7
3			6					8
					2	9	1	
7		2	8					
4	9						7	
					4			1

20. 数独（20）

2	1				8			
	6							
				4			3	
			5					
	8				1			7
				9				
						1		6
			5					
			4	3	5		9	

21. 数独 (21)

1	7		4	3				
					9			8
				6			7	4
		9						
		5						
			7	4			3	
9		8						2

22. 数独 (22)

				8				
			2	5				9
	1	7						3
	4		6					
2								8
			3			1		
				9				
	6					4	7	
5								

第一部分 初探门径：认识数独

23．数独（23）

		9						
				6	7		8	
7		2	3	1				
4				8			9	
	2	8						3
	7	4		3				1
	6			2				7
		3			6			

24．数独（24）

				5		1		
	6	3						
7				2				
	8				9			
						4	7	
						2		1
4		5						
					3		9	
			8		6			

25. 数独 (25)

1	9	5		6	2	8		
4					9		3	
7			6	5	4			
	8	2						
							6	1
	5	9						
			4				9	
8				5	2			7

26. 数独 (26)

			7					5
	5		2					
8							1	
				9	8			
6								
	7						2	
	2	3						
3						9	8	
							6	

第一部分 初探门径：认识数独

27. 数独（27）

	3					8	9	
	4			7	1			
		9						
8		2	3					
					7			5
					4			
			8				2	
	7							1

28. 数独（28）

3						7		
				5				
				1				
		2	6				8	
			7			9		
		5						
				6		2		
7			3					
9		1					5	

39

29. 数独（29）

	8							
					9			7
	6	2	5					
				4				
			1					
		5	2				3	
9				7	1			4
1								
						2	8	

30. 数独（30）

	2	5						
			9					
			8			4	1	
	7	6		2				
			3				9	
			6					
8							3	
1								
				5	7	2		

31. 数独（31）

6				1				
	5						9	
								3
	9			8				
		4	7				6	1
				9	2	5		
3		1						
					4			

32. 数独（32）

		2					7	3
	1							
				4	6			
		7	2					
9						4		
	4					6		
				7				5
		9		8			1	

33. 数独（33）

			9			2		
			1					7
5	8							
				8	3			
	7					9		
				5				
	1						4	
					6		5	
		4	2					

34. 数独（34）

				4		3	8	
	9	2						
				1				
						5		
	7	5				9		
				6		1		
3								
4						6		
			7		2		9	

35. 数独 (35)

	3							
	8	7						9
				4		1		
						5		
5				6			2	
	9				7			
1							4	
2						6		
				3	8			

36. 数独 (36)

8								
	3			7	2			5
		7				3		9
2					6		1	3
				5		7		
		6	8		4			7
			1		7	5	2	
							3	
6				4				8

37. 数独（37）

							6	3
	9							
		4	2		5			
		2						8
	6			3		7		
	3				2			
7	1							
					4			5

38. 数独（38）

7						5		
	4				9		3	
					3		4	8
		1					9	
6			7					
				2			6	7
	9	4						

第一部分 初探门径：认识数独

39. 数独（39）

3					5			9
	8							
	4			6		2		
	2	6				8		
			7		9			
				2		4		
9								
5								7

40. 数独（40）

4	1			7				3
			6					8
2								1
1		5		4		2	7	
	4			8				
5	9					4	1	
6	3				9			
	2					3		

41. 数独（41）

9			2	4				
	5						7	6
				1				
3					6		8	
2	1			9				
	7				8			
							4	
							2	

42. 数独（42）

1		5					4	8
					3			
9								
	4						3	7
				9	1			
8								2
				5		1		
	3					7		

43. 数独（43）

5	9			3				
			1			7	6	
						2		
1								5
		7	6				8	
								1
2					5			9
		6						

44. 数独（44）

4		9		6		8		
		5		7				
	1		5			2		7
			9		3			1
	6							
								4
				8			1	
1				2		6	5	
5	3				6			2

45. 数独（45）

8	1				2			
					9		5	3
							4	
	3	5		4				
					6	9		
2								
				5			1	
9						7		

46. 数独（46）

		1		5	6			2
			3				9	
						1		5
3	9		4					
	4						3	
	7							
		6		1	5			

47．数独（47）

	7							9
				8				
		2		4				
	9		3			6		
				2			4	
3								
			7					
	4						8	
6			9			1		

48．数独（48）

			1	3		7		
	4		5		6			
							2	
2		6		5			7	
		8				9	5	
	3				8			
							1	
	9	2						
	6	4		1	5			2

49. 数独（49）

			1	8			
5							3
			2			9	
	8	2	9				
						7	5
				4			
	2					1	8
				3	7		
4							

50. 数独（50）

	3				8		
			2			4	
5				9			
	4					2	6
			5				
						7	
			4	1			
3						5	9
		2					

答案

1. 数独（1）

5	2	4	9	1	6	8	3	7
6	1	8	7	4	3	9	2	5
7	3	9	2	8	5	4	1	6
4	5	2	8	9	1	7	6	3
3	6	7	5	2	4	1	8	9
8	9	1	6	3	7	5	4	2
2	8	3	4	5	9	6	7	1
1	7	5	3	6	8	2	9	4
9	4	6	1	7	2	3	5	8

2. 数独（2）

4	7	1	9	2	6	5	8	3
5	9	6	4	3	8	2	7	1
3	8	2	5	7	1	4	9	6
7	3	4	8	6	5	9	1	2
1	5	9	2	4	3	7	6	8
2	6	8	1	9	7	3	4	5
9	1	7	6	5	2	8	3	4
6	4	5	3	8	9	1	2	7
8	2	3	7	1	4	6	5	9

3. 数独（3）

8	2	7	4	3	6	9	1	5
4	9	1	7	5	2	6	3	8
5	6	3	9	8	1	2	7	4
6	1	5	2	9	8	7	4	3
3	8	9	6	4	7	5	2	1
2	7	4	3	1	5	8	9	6
1	4	2	5	6	9	3	8	7
7	5	8	1	2	3	4	6	9
9	3	6	8	7	4	1	5	2

4. 数独（4）

8	4	7	5	2	9	1	3	6
3	5	2	6	1	4	9	7	8
6	1	9	7	8	3	4	2	5
2	3	5	1	9	6	8	4	7
7	6	1	8	4	2	5	9	3
4	9	8	3	5	7	6	1	2
5	7	4	2	6	1	3	8	9
1	8	3	9	7	5	2	6	4
9	2	6	4	3	8	7	5	1

第一部分　初探门径：认识数独

5. 数独（5）

4	6	9	7	8	2	1	5	3
3	1	8	5	9	4	7	6	2
5	7	2	3	1	6	8	9	4
1	9	3	8	2	5	6	4	7
7	4	5	1	6	9	3	2	8
8	2	6	4	7	3	9	1	5
6	3	4	9	5	8	2	7	1
9	8	7	2	4	1	5	3	6
2	5	1	6	3	7	4	8	9

6. 数独（6）

8	4	1	3	2	5	9	7	6
2	7	6	8	4	9	3	1	5
5	9	3	6	1	7	8	4	2
7	6	9	2	8	3	1	5	4
3	8	2	4	5	1	6	9	7
4	1	5	7	9	6	2	8	3
1	2	7	5	6	8	4	3	9
9	3	4	1	7	2	5	6	8
6	5	8	9	3	4	7	2	1

7. 数独 (7)

3	8	2	1	9	7	6	5	4
9	4	7	8	5	6	3	2	1
5	6	1	2	4	3	9	7	8
7	3	4	9	2	8	5	1	6
2	9	8	6	1	5	7	4	3
1	5	6	3	7	4	2	8	9
6	1	3	7	8	2	4	9	5
8	2	5	4	6	9	1	3	7
4	7	9	5	3	1	8	6	2

8. 数独 (8)

3	2	7	8	1	9	4	5	6
8	4	5	3	6	7	2	9	1
6	1	9	4	5	2	3	7	8
7	3	2	9	8	5	1	6	4
9	6	8	1	3	4	5	2	7
1	5	4	2	7	6	8	3	9
2	9	3	7	4	1	6	8	5
5	8	1	6	9	3	7	4	2
4	7	6	5	2	8	9	1	3

第一部分 初探门径：认识数独

9．数独（9）

5	2	4	3	1	9	7	8	6
6	9	8	4	2	7	5	1	3
3	7	1	6	8	5	4	9	2
9	4	2	1	7	6	3	5	8
7	6	3	9	5	8	1	2	4
1	8	5	2	3	4	9	6	7
4	1	9	8	6	3	2	7	5
8	3	7	5	9	2	6	4	1
2	5	6	7	4	1	8	3	9

10．数独（10）

2	7	9	8	4	1	3	6	5
6	5	8	7	3	2	1	4	9
4	1	3	9	5	6	2	7	8
3	4	7	2	9	8	6	5	1
5	8	1	4	6	3	7	9	2
9	2	6	5	1	7	4	8	3
1	9	5	6	2	4	8	3	7
7	6	2	3	8	5	9	1	4
8	3	4	1	7	9	5	2	6

11. 数独（11）

6	7	9	3	8	1	5	2	4
4	3	5	6	2	7	1	8	9
2	8	1	9	4	5	7	6	3
1	4	8	5	6	2	9	3	7
9	5	6	7	3	8	4	1	2
7	2	3	4	1	9	6	5	8
8	9	2	1	7	6	3	4	5
3	1	7	8	5	4	2	9	6
5	6	4	2	9	3	8	7	1

12. 数独（12）

6	7	3	1	2	5	4	8	9
8	4	9	7	6	3	1	5	2
5	2	1	8	9	4	6	3	7
3	1	6	2	4	8	7	9	5
2	8	7	6	5	9	3	1	4
9	5	4	3	7	1	2	6	8
7	3	8	5	1	2	9	4	6
1	9	2	4	8	6	5	7	3
4	6	5	9	3	7	8	2	1

第一部分 初探门径：认识数独

13．数独（13）

9	4	7	2	6	5	1	8	3
8	1	2	9	4	3	5	6	7
6	5	3	8	1	7	9	4	2
1	6	8	4	3	2	7	5	9
4	2	5	7	9	6	3	1	8
7	3	9	5	8	1	4	2	6
5	8	1	6	7	9	2	3	4
2	7	6	3	5	4	8	9	1
3	9	4	1	2	8	6	7	5

14．数独（14）

5	8	6	2	4	7	1	9	3
7	4	3	1	9	8	2	5	6
9	2	1	5	3	6	4	7	8
6	5	2	9	1	3	7	8	4
1	7	8	4	6	2	9	3	5
3	9	4	7	8	5	6	2	1
8	3	9	6	7	1	5	4	2
2	1	7	3	5	4	8	6	9
4	6	5	8	2	9	3	1	7

15. 数独（15）

2	9	8	5	7	1	3	6	4
6	5	7	3	4	2	1	9	8
1	3	4	6	8	9	7	2	5
7	2	5	1	6	4	9	8	3
9	8	1	2	3	7	4	5	6
4	6	3	8	9	5	2	7	1
3	4	2	7	5	6	8	1	9
5	1	9	4	2	8	6	3	7
8	7	6	9	1	3	5	4	2

16. 数独（16）

7	9	8	6	4	3	2	1	5
2	3	4	8	1	5	6	7	9
1	6	5	2	7	9	8	4	3
6	1	3	4	5	2	9	8	7
8	7	2	9	3	1	5	6	4
4	5	9	7	8	6	3	2	1
5	2	6	1	9	4	7	3	8
9	8	1	3	2	7	4	5	6
3	4	7	5	6	8	1	9	2

17. 数独 (17)

3	9	5	8	4	1	2	6	7
2	6	7	5	3	9	8	1	4
1	4	8	6	7	2	5	3	9
9	7	1	4	2	5	6	8	3
6	8	3	1	9	7	4	2	5
5	2	4	3	8	6	7	9	1
4	1	2	7	6	3	9	5	8
7	3	6	9	5	8	1	4	2
8	5	9	2	1	4	3	7	6

18. 数独 (18)

7	4	5	6	9	2	3	8	1
9	8	3	7	1	4	6	5	2
1	2	6	8	5	3	9	7	4
3	5	1	4	6	7	8	2	9
2	7	4	3	8	9	1	6	5
6	9	8	5	2	1	7	4	3
4	6	9	1	7	5	2	3	8
8	3	2	9	4	6	5	1	7
5	1	7	2	3	8	4	9	6

19. 数独 (19)

2	3	4	1	6	5	7	8	9
9	6	8	2	7	4	1	3	5
5	1	7	3	8	9	4	6	2
1	2	6	4	9	8	3	5	7
3	7	9	6	5	1	2	4	8
8	4	5	7	3	2	9	1	6
7	5	2	8	1	3	6	9	4
4	9	1	5	2	6	8	7	3
6	8	3	9	4	7	5	2	1

20. 数独 (20)

2	1	7	9	3	8	4	6	5
4	6	3	1	2	5	7	8	9
9	5	8	6	4	7	2	3	1
7	2	6	5	8	4	9	1	3
3	8	9	2	6	1	5	4	7
5	4	1	7	9	3	6	2	8
8	3	2	4	7	9	1	5	6
6	9	5	8	1	2	3	7	4
1	7	4	3	5	6	8	9	2

第一部分 初探门径：认识数独

21. 数独（21）

1	7	2	4	3	8	9	5	6
3	5	6	2	7	9	4	1	8
8	9	4	5	1	6	3	2	7
5	1	7	8	2	4	6	9	3
2	8	3	6	9	1	7	4	5
4	6	9	3	5	7	2	8	1
7	3	5	9	8	2	1	6	4
6	2	1	7	4	5	8	3	9
9	4	8	1	6	3	5	7	2

22. 数独（22）

9	5	2	1	8	3	7	6	4
4	3	6	7	2	5	8	1	9
8	1	7	9	6	4	2	5	3
1	4	8	6	7	2	3	9	5
2	7	3	5	1	9	6	4	8
6	9	5	3	4	8	1	2	7
7	8	4	2	9	6	5	3	1
3	6	9	8	5	1	4	7	2
5	2	1	4	3	7	9	8	6

23. 数独 (23)

6	3	9	4	8	5	1	7	2
5	4	1	6	7	2	3	8	9
7	8	2	3	1	9	5	4	6
4	1	7	8	6	3	9	2	5
9	2	8	1	5	4	7	6	3
3	5	6	2	9	7	8	1	4
2	7	4	5	3	8	6	9	1
8	6	5	9	2	1	4	3	7
1	9	3	7	4	6	2	5	8

24. 数独 (24)

8	4	9	6	5	7	1	2	3
2	6	3	9	8	1	5	4	7
7	5	1	3	2	4	9	6	8
1	8	4	2	7	9	6	3	5
5	2	6	1	3	8	4	7	9
3	9	7	4	6	5	2	8	1
4	3	5	7	9	2	8	1	6
6	1	8	5	4	3	7	9	2
9	7	2	8	1	6	3	5	4

25．数独（25）

6	3	2	4	7	8	1	5	9
1	9	5	3	6	2	8	7	4
4	8	7	5	1	9	6	3	2
7	1	3	6	5	4	9	2	8
5	6	8	2	9	1	7	4	3
9	2	4	7	8	3	5	6	1
3	5	9	1	2	7	4	8	6
2	7	1	8	4	6	3	9	5
8	4	6	9	3	5	2	1	7

26．数独（26）

3	6	9	7	8	1	4	2	5
7	5	1	2	6	4	3	9	8
8	2	4	9	3	5	7	1	6
2	4	3	5	9	8	6	7	1
6	1	8	4	2	7	5	3	9
5	9	7	6	1	3	8	4	2
9	8	2	3	7	6	1	5	4
4	3	6	1	5	2	9	8	7
1	7	5	8	4	9	2	6	3

27. 数独（27）

5	3	1	4	6	2	8	9	7
9	2	7	5	3	8	1	4	6
6	4	8	9	7	1	3	5	2
7	5	9	1	4	6	2	3	8
8	1	2	3	5	9	6	7	4
3	6	4	2	8	7	9	1	5
1	8	3	7	2	4	5	6	9
4	9	6	8	1	5	7	2	3
2	7	5	6	9	3	4	8	1

28. 数独（28）

3	1	8	2	4	6	7	9	5
2	6	9	8	5	7	4	3	1
5	4	7	9	1	3	2	6	8
1	7	2	6	9	4	5	8	3
6	3	4	7	8	5	9	1	2
8	9	5	1	3	2	6	7	4
4	8	3	5	6	9	1	2	7
7	5	6	3	2	1	8	4	9
9	2	1	4	7	8	3	5	6

第一部分 初探门径：认识数独

29．数独（29）

7	9	8	1	2	6	3	4	5
5	4	1	3	8	9	6	2	7
3	6	2	5	4	7	9	1	8
2	1	9	7	3	4	8	5	6
8	3	6	9	1	5	4	7	2
4	7	5	2	6	8	1	3	9
9	2	3	8	7	1	5	6	4
1	8	4	6	5	2	7	9	3
6	5	7	4	9	3	2	8	1

30．数独（30）

4	2	5	7	1	6	9	8	3
3	1	8	9	4	5	7	2	6
7	6	9	8	3	2	4	1	5
9	7	6	4	2	8	3	5	1
5	8	4	3	7	1	6	9	2
2	3	1	5	6	9	8	7	4
8	5	2	6	9	4	1	3	7
1	4	7	2	8	3	5	6	9
6	9	3	1	5	7	2	4	8

31. 数独（31）

6	4	9	1	2	8	3	7	5
8	3	2	9	5	7	1	4	6
1	5	7	4	6	3	9	2	8
7	1	6	2	4	5	8	9	3
2	9	3	6	8	1	7	5	4
5	8	4	7	3	9	2	6	1
4	6	8	3	9	2	5	1	7
3	2	1	5	7	6	4	8	9
9	7	5	8	1	4	6	3	2

32. 数独（32）

4	6	2	8	5	1	9	7	3
8	1	3	9	7	2	5	6	4
7	9	5	3	4	6	2	8	1
3	8	7	2	9	4	1	5	6
1	5	4	6	3	8	7	2	9
9	2	6	5	1	7	4	3	8
5	4	8	1	2	3	6	9	7
2	3	1	7	6	9	8	4	5
6	7	9	4	8	5	3	1	2

第一部分 初探门径：认识数独

33．数独（33）

3	7	1	9	6	5	2	8	4
4	6	9	1	2	8	5	3	7
5	8	2	3	7	4	6	1	9
9	2	5	6	8	3	4	7	1
8	3	7	4	1	2	9	6	5
1	4	6	7	5	9	8	2	3
2	1	8	5	9	7	3	4	6
7	9	3	8	4	6	1	5	2
6	5	4	2	3	1	7	9	8

34．数独（34）

7	5	1	9	4	6	3	8	2
8	9	2	5	7	3	4	1	6
6	3	4	2	1	8	9	7	5
9	6	3	1	2	5	7	4	8
1	7	5	4	8	9	2	6	3
2	4	8	3	6	7	1	5	9
3	8	7	6	9	4	5	2	1
4	2	9	8	5	1	6	3	7
5	1	6	7	3	2	8	9	4

35. 数独（35）

6	3	1	7	9	8	4	5	2
4	8	7	2	6	5	1	3	9
9	2	5	4	3	1	7	8	6
3	1	6	8	2	9	5	7	4
5	7	4	6	1	3	9	2	8
8	9	2	5	7	4	3	6	1
1	6	3	9	5	2	8	4	7
2	5	8	1	4	7	6	9	3
7	4	9	3	8	6	2	1	5

36. 数独（36）

8	9	2	6	5	4	3	1	7
1	3	6	7	2	9	4	8	5
5	4	7	8	1	3	6	9	2
2	7	5	9	6	8	1	4	3
4	1	9	5	3	7	8	2	6
3	6	8	1	4	2	5	7	9
9	8	1	3	7	5	2	6	4
7	5	4	2	8	6	9	3	1
6	2	3	4	9	1	7	5	8

第一部分 初探门径：认识数独

37. 数独（37）

1	5	7	8	4	9	6	3	2
6	2	9	1	7	3	5	8	4
3	8	4	2	6	5	1	9	7
9	4	2	6	5	7	3	1	8
8	7	3	9	2	1	4	5	6
5	6	1	4	3	8	7	2	9
4	3	5	7	8	2	9	6	1
7	1	8	5	9	6	2	4	3
2	9	6	3	1	4	8	7	5

38. 数独（38）

7	2	3	4	1	8	5	6	9
1	4	6	5	7	9	8	3	2
9	5	8	3	2	6	4	7	1
5	7	2	9	6	3	1	4	8
4	3	1	8	5	2	7	9	6
6	8	9	7	4	1	2	5	3
8	6	7	1	3	5	9	2	4
3	1	5	2	9	4	6	8	7
2	9	4	6	8	7	3	1	5

39. 数独（39）

3	6	7	2	4	5	1	8	9
2	8	5	3	9	1	7	4	6
1	4	9	8	6	7	2	3	5
7	2	6	1	5	4	8	9	3
8	9	1	6	3	2	5	7	4
4	5	3	7	8	9	6	1	2
6	7	8	9	2	3	4	5	1
9	1	4	5	7	6	3	2	8
5	3	2	4	1	8	9	6	7

40. 数独（40）

4	1	8	9	7	5	6	2	3
3	5	9	6	2	1	7	4	8
2	7	6	4	8	3	9	5	1
1	8	5	3	4	6	2	7	9
7	4	3	2	9	8	1	6	5
9	6	2	1	5	7	8	3	4
5	9	7	8	3	2	4	1	6
6	3	4	7	1	9	5	8	2
8	2	1	5	6	4	3	9	7

第一部分 初探门径：认识数独

41．数独（41）

9	6	1	2	4	7	8	5	3
4	5	2	3	8	9	1	7	6
7	3	8	6	1	5	9	2	4
3	4	9	1	5	6	7	8	2
5	8	6	4	7	2	3	1	9
2	1	7	8	9	3	6	4	5
6	7	4	9	2	8	5	3	1
8	2	3	5	6	1	4	9	7
1	9	5	7	3	4	2	6	8

42．数独（42）

1	6	5	2	7	9	4	8	3
7	2	4	5	8	3	6	9	1
9	8	3	6	4	1	7	2	5
6	5	9	7	3	4	2	1	8
2	4	1	8	6	5	9	3	7
3	7	8	9	1	2	5	6	4
8	1	7	4	9	6	3	5	2
4	9	2	3	5	8	1	7	6
5	3	6	1	2	7	8	4	9

43．数独（43）

6	7	1	2	4	8	9	5	3
5	9	8	7	3	6	4	1	2
4	2	3	1	5	9	7	6	8
8	4	9	5	1	3	2	7	6
1	6	2	4	8	7	3	9	5
3	5	7	6	9	2	1	8	4
7	3	5	9	6	4	8	2	1
2	1	4	8	7	5	6	3	9
9	8	6	3	2	1	5	4	7

44．数独（44）

4	7	9	2	6	1	8	3	5
3	2	5	4	7	8	1	9	6
8	1	6	5	3	9	2	4	7
2	8	4	9	5	3	7	6	1
9	6	1	8	4	7	5	2	3
7	5	3	6	1	2	9	8	4
6	4	2	7	8	5	3	1	9
1	9	7	3	2	4	6	5	8
5	3	8	1	9	6	4	7	2

第一部分 初探门径：认识数独

45．数独（45）

8	1	4	5	3	2	6	9	7
7	2	6	4	8	9	1	5	3
5	9	3	6	7	1	2	4	8
6	3	5	9	4	7	8	2	1
4	8	2	3	1	6	9	7	5
1	7	9	8	2	5	3	6	4
2	4	1	7	9	3	5	8	6
3	6	7	2	5	8	4	1	9
9	5	8	1	6	4	7	3	2

46．数独（46）

9	6	3	1	7	2	8	5	4
4	8	1	9	5	6	3	7	2
7	5	2	3	4	8	6	9	1
6	1	4	5	8	7	9	2	3
8	2	7	6	9	3	1	4	5
3	9	5	4	2	1	7	6	8
1	4	8	2	6	9	5	3	7
5	7	9	8	3	4	2	1	6
2	3	6	7	1	5	4	8	9

47. 数独（47）

8	7	6	2	5	3	4	1	9
1	4	9	6	8	7	2	3	5
5	3	2	1	4	9	7	6	8
4	9	8	3	7	1	6	5	2
7	6	1	8	2	5	9	4	3
3	2	5	4	9	6	8	7	1
2	8	3	7	1	4	5	9	6
9	1	4	5	6	2	3	8	7
6	5	7	9	3	8	1	2	4

48. 数独（48）

6	2	9	1	3	4	7	8	5
8	4	7	5	2	6	1	3	9
3	5	1	9	8	7	4	2	6
2	1	6	3	5	9	8	7	4
4	7	8	2	6	1	9	5	3
9	3	5	7	4	8	2	6	1
5	8	3	4	9	2	6	1	7
1	9	2	6	7	3	5	4	8
7	6	4	8	1	5	3	9	2

49. 数独 (49)

2	3	9	1	8	6	4	5	7
5	1	8	4	7	9	6	2	3
6	4	7	2	3	5	9	1	8
7	8	2	9	5	1	3	6	4
1	9	4	3	6	8	2	7	5
3	6	5	7	2	4	8	9	1
9	2	3	5	4	7	1	8	6
8	5	1	6	9	3	7	4	2
4	7	6	8	1	2	5	3	9

50. 数独 (50)

4	3	9	1	6	7	8	5	2
6	1	7	2	8	5	9	4	3
5	2	8	3	9	4	7	6	1
7	4	5	9	1	8	3	2	6
2	6	1	7	5	3	4	9	8
8	9	3	6	4	2	1	7	5
9	5	6	4	3	1	2	8	7
3	7	4	8	2	6	5	1	9
1	8	2	5	7	9	6	3	4

第二部分 高手养成：变形数独

一、变形数独概述

数独发展到今天，类型多种多样，如果按不同条件细分，数量可达上百种，而且还在不断增加。大家平时常见的变形数独有对角线数独、锯齿数独、杀手数独等。

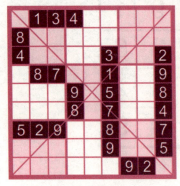
对角线数独

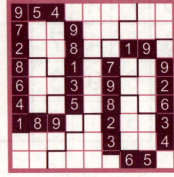
锯齿数独

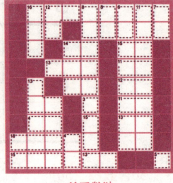
杀手数独

所谓变形数独，是指改变一些标准数独的条件或规则，从而形成的新型数独题目。有的变形数独也会同时具备多种变形条件，变形条件如下。

（1）增加限制区域的类别，如对角线数独、额外区域数独、彩虹数独等。

（2）宫形发生变化，如锯齿数独、锯齿武士数独等。

（3）用其他元素代替已知数字，如字母数独、骰子数独、数码数独等。

（4）利用单元格内数字之和或乘积等的关系，如杀手数独、边框数独、箭头数独、魔方数独、算式数独等。

（5）利用相邻单元格内数字的关系，如连续数独、不等号数独、堡垒数独、XV 数独、黑白点数独等。

（6）限制单元格数字属性，如奇偶数独、大中小数独等。

（7）利用数独外提示数字，如边缘观测数独、摩天楼数独等。

（8）禁止同一数字位置，如无缘数独、无马数独等。

（9）非方形数独，如圆环数独、立方体数独、六角数独、蜂窝数独等。

（10）多个数独叠加起来，需要多个条件配合才能解题，如三合一数独、连体数独、武士数独、超级数独等。

以上 10 种分类并非全部的变形条件，只是常见的大类，还有不少变形数独未列出。其实变形的条件是没有数量限制的，只要你有想象力，就可以创造出属于你自己的新型变形数独。虽然数独条件变化多端,但有一条始终不变的绝对条件——同一限制区域内不能出现重复数字。只要符合这个条件,就没有脱离"数独"的范畴。

二、变形数独训练题

51．加法数独

除了普通数独的规则外,有圆圈标识的格的上下两个数的和等于其左右两个数的和。

52．乘积数独

除了普通数独的规则外,图中"//"线后的数字表示右上左下斜着相连的两格中数的乘积,"\\"线后的数字表示左上右下斜着相连的两格中数的乘积。

53．运算数独

每一行、每一列里都是不重复的数字 1～6，并且粗线条围起来的黑线框里的数字满足已经标出来的数学关系。例如，"11+"表示这个黑线框里的数字加起来等于 11，"2/"表示这个黑线框里的数字相除等于 2。

54．斜线数独

除了普通数独的规则外，格中的斜线表示与其所斜方向一致的所有格子里的数字都比斜线格子里的数字大。

55．比例数独

除了普通数独的规则外，图中的数字是相连两格中数字的比值。

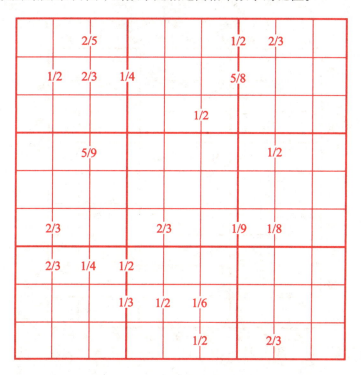

56．累加数独

除了普通数独的规则外，圆圈内的数字等于箭头经过的几个格子里数字的和。

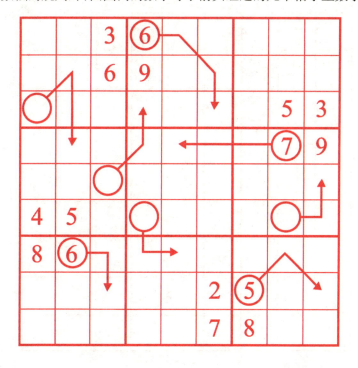

57. 斜线相加数独

除了普通数独的规则外,图外面的数字表示箭头所指斜线上所有格子里数字的和。

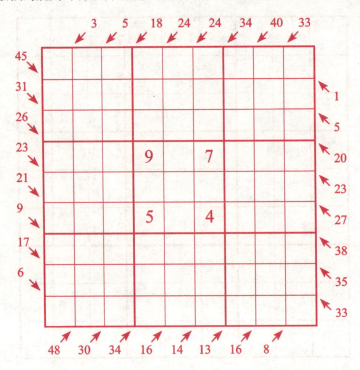

58. 数比数独

除了普通数独的规则外,相邻数字之间的大小和分界线上的数学符号相符。

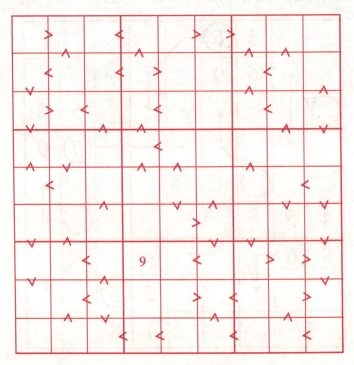

59. 牡丹数独

除了普通数独的规则外，花瓣的 8 个边只能是在相同的 4 个数中选用的 3 个数，中心花蕊的 5 个格则必须填奇数。

60. 心心相印数独

每一行、每一列以及 9 个九宫格的相同位置上必须都是不重复的数字 1～9。组成"红心"两个侧面的是相同的 5 个数字，组成"红心"上部的 5 个数字必须从"红心"的其他部分选取。

61. 奇偶数独

除了普通数独的规则外,灰格中的数字必须为偶数,白格中的数字必须为奇数。

62. 毛虫奇偶数独

除了普通数独的规则外,两条大对角线上的数字也是不重复的数字1~9,灰色格子里的数字都是偶数,有细线相连的两格内的数字必须是连续的。

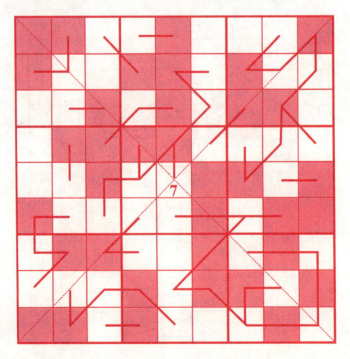

63．对角线数独

游戏规则：在 9×9 的格子中用 1～9 共 9 个阿拉伯数字填满整个格子，要求符合以下条件。

（1）每一行都用到 1～9 这 9 个数字，位置不限。
（2）每一列都用到 1～9 这 9 个数字，位置不限。
（3）每 3×3 的格子都用到 1～9 这 9 个数字，位置不限。
（4）两对角线上 1～9 这 9 个数字各出现一次。

64．摩天数独

把数独里面的数字看作是楼房的高度，这样大的数字就会把后面小的数字挡住。数独周围的数字表示从那个位置沿着行或列看过去所能看到的数字个数。

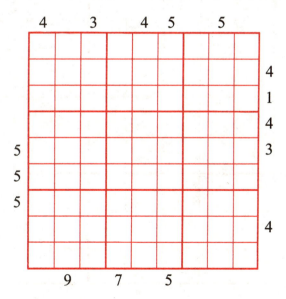

65. 不连续数独

除了普通数独的规则外，所有上、下、左、右相邻的数不能连续（1 和 9 也算作连续）。

	7						3	8
					3		4	
	9			2				
2								
	6							
								4
						1		5

66. 连续数独

除了普通数独的规则外，粗线两侧的数字连续，不是粗线的两侧数字不连续。

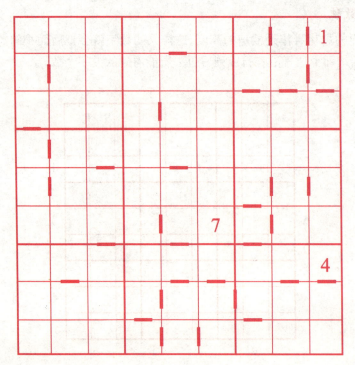

67. 花瓣连续数独

上、下、左、右、中各是一个 9×9 的连续数独,即粗线两侧的数字连续,不是粗线的两侧数字不连续。

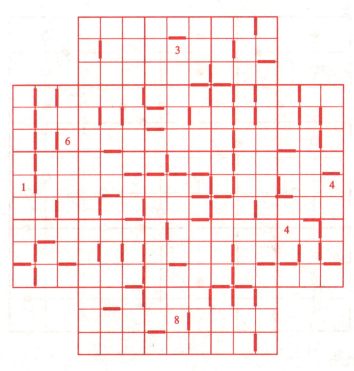

68. 无缘数独

除了普通数独的规则外,每个格子中的数字与其相邻(包括斜线)的 8 个格子中的数字都不能相同。

	9		3				8	
		6		9		2		
								2
1			6	8				
		8		4		1		9
				9				5
					5	2		6
	4	1						

69. 黑白点数独

除了普通数独的规则外，以白点隔开的两格数值差为1；以黑点隔开的两格，其中一格的数值是另一格的数值的两倍。

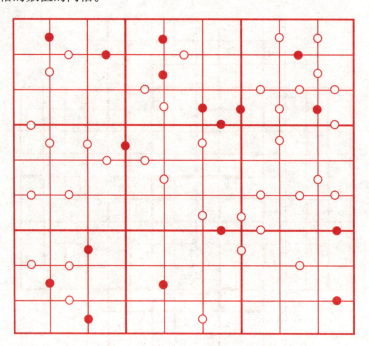

70. 杀手数独

除了普通数独的规则外，虚线框内的数字加起来等于虚线框上标出来的数字。

71. 隐藏杀手数独

每行每列以及 6 个六宫格里都是不重复的数字 1～6。此外，用虚线把这个数独分割成若干个长方形和正方形的虚线框，使得每个虚线框中只包含一个已经标出来的小数字，且虚线框中的数字加起来等于标出来的小数字。每个虚线框至少由两格组成，且里面的数字也没有重复。

72. 矩形杀手数独

每行、每列都是不重复的数字 1～9，虚线框中的数字加起来等于虚线框上标出来的数字。

73. 数比杀手数独

除了普通数独的规则外,虚线框内的数字之和等于虚线框上标出来的数字,虚线框之间的大小符合它们之间标出来的数学符号。

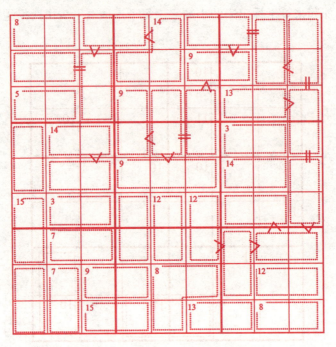

74. 黑洞数独

在小三角里填入数字,使得所有横向和斜向上三角里的数字都不重复,粗线划分出的6个九宫格里是不重复的数字1~9。

第二部分 高手养成：变形数独

75．年轮数独

填入数字，使得每个同心圆环、每个沿着半径的扇形以及每个粗线划分出来的区域里都是不重复的数字1～9。

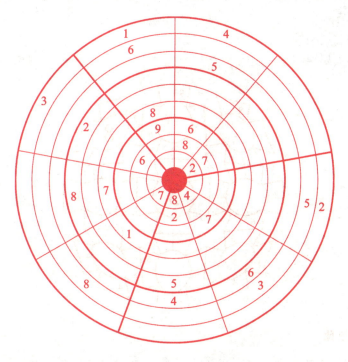

76．十字章数独

填入数字，使得每个十字形区域以及在灰色范围内的每条纵列和横行里都是不重复的数字1～9，4个角上的十字区域内的数字位置相同。

77. 勋章数独

填入数字,使得以下列出的各项都由不重复的数字1~9组成。
(1) 每一行、每一列,如果一行或一列有10格,则第1格和第10格是同一个数字。
(2) 9个大圆。
(3) 大圆和它周围的8个小格子。
(4) 完整的大星星和它周围的8个小格子。

78. 六角数独

在小三角里填入数字,使得每个大三角里都是不重复的数字1~9,所有横向和斜向上三角里的数字都不重复。

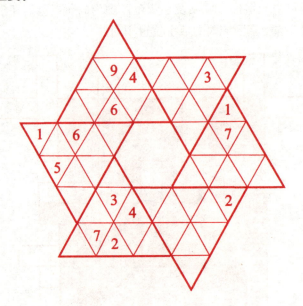

79. 连体数独

本题是两个数独连体组成的,除了普通规则外,左上角数独的两条主对角线中数字不能重复,右下角数独的9个圆圈中数字不能重复,9个方块中数字也不能重复。

第二部分 高手养成：变形数独

80．三连体数独

本题由3个普通数独连体组成，规则不变。

81. 超级数独

本题由 4 个普通的九阶数独连体组成，其他规则不变。

82. 锯齿武士数独

规则与普通武士数独一样，用数字 1～9 填满横竖的格子，而且任何横竖的格子中都没有相同的数字出现。但是，每个锯齿数独中的九宫格都不是正方形，而是不规则的九宫格。

第二部分 高手养成：变形数独

83．魔幻数独

除普通数独的规则外，灰色格子里的数字要比相邻白色格子里的数字大。斜着相邻的不算。

84．单元数独

填入数字，使得每行、每列以及 8 个八宫格里都是不重复的数字 1～8。每个椭圆形内的数字可以让 3 个纵列共用。

85. 老板数独

每行、每列以及6个六宫格里都是不重复的数字1~6,灰色格里的数等于它与上、下、左、右格里数值之差的和,而白色格里的数一定不等于它与上、下、左、右格里数值之差的和。

86. 雪花数独

在小三角里填入数字1~6,使得每个横行、每个斜行以及每个六边形里都是不重复的数字1~6。

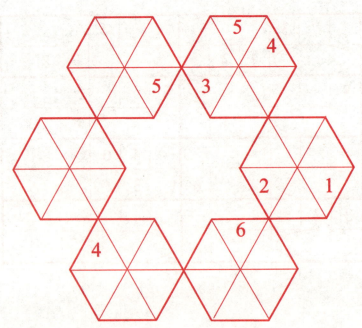

87. 毛虫数独

除了普通数独的规则外,灰色线连起来的几个方格内的数字必须从大到小或者从小到大排列。

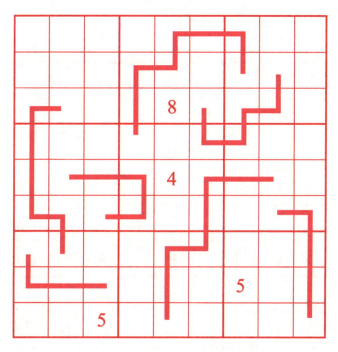

88. XV 数独

除了普通数独的规则外,图中的 X 表示相邻两格的数字之和是 10,图中的 V 表示相邻两格的数字之和是 5。

89. 单词数独

除了普通数独的规则外，图中的英文字母代表那个格子里的数字对应的英语单词里会有的字母，比如 O 有可能是 1、2 或是 4 等。

```
1—ONE      2—TWO      3—THREE
4—FOUR     5—FIVE     6—SIX
7—SEVEN    8—EIGHT    9—NINE
```

I	O		R	H		R	I	
T	N		V		S		H	E
F		I		R		T		
V	I	S	E		F		V	T
S				N				
N	O	N		F		N	R	R
T		N		S				R
T		F				O	U	
	O	N	F	E	H			N

90. 字谜数独

除了普通数独的规则外，白色格子形成的 14 个横向或纵向四连格里的数字必须和右侧给出的 14 组数字相符，方向为从上到下或从左到右。

2431　7168
2637　8491
4316　8495
4931　8627
5876　8629
6517　8651
6798　9518

91. 骰子数独

如下图右侧所示,用骰子的点阵表示数字 1～6。把格中的若干小圆圈涂黑,使得每行、每列以及 6 个六宫格里都是不重复的数字 1～6。

92. 奇怪数独

填入数字,使得每行、每列以及 9 个九宫格里的数字都是不重复的数字 1～9。9 个大正方形里的数字也是不重复的数字 1～9。

93. 数码数独

用七段元件表示数字,题中的某些格里已经显示了数字的一段。把所有格中的数字填上,使得每行、每列、6 个六宫格里都是不重复的数字 1～6。

6 个数字分别表示为下图的形式。

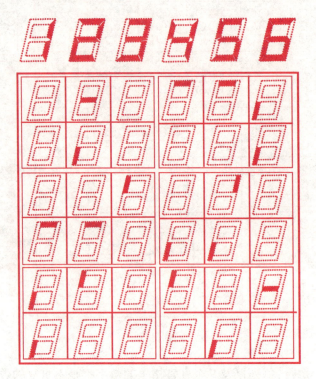

94. 幻方数独

除了普通数独的规则外,9 个灰色格子是一个 3×3 幻方(答案不唯一)。

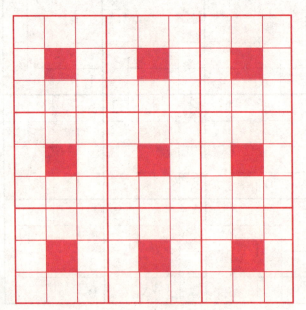

第二部分 高手养成：变形数独

95．拼图数独

将右边的9块拼图拼入图示的9×9数独中，可以旋转也可以做镜像。拼完后在空格里填入数字，使它满足标准数独的规则。

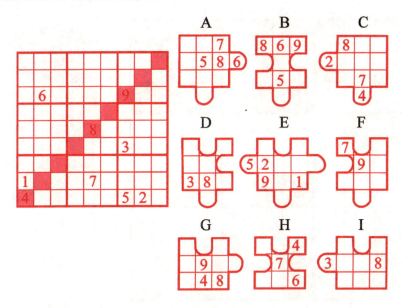

96．箭头数独

在空格里画上横、竖、斜的8种箭头，使得方格里的数字等于所有指向那个方格的箭头数目。每个空格里只能画一个箭头，而且每行、每列以及每个九宫格里的8个箭头方向都不重复。

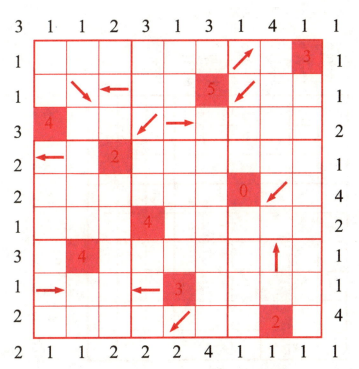

97. 预约数独

除了普通数独的规则外,右侧的6组数字必须分别填入6个灰色的虚线框里,每组数字的顺序不能打乱。

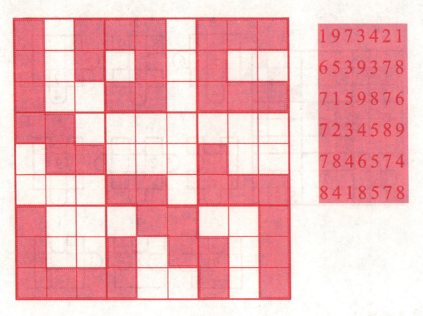

98. 分隔数独

除了普通数独的规则外,外围的数字如右上方的"1—2:7"表示在相应的那行里会依次出现1和2,而且两个数字的距离是7个格。即如果1出现在横行第1格里,那么2就会在第8格里,顺序都是从上至下或从左至右。

第二部分 高手养成：变形数独

99. 星星数独

除了普通数独的规则外，两格之间的数字表示两格数值之差，有星星标识的15个格中只能填题目下方给出的15个数字。

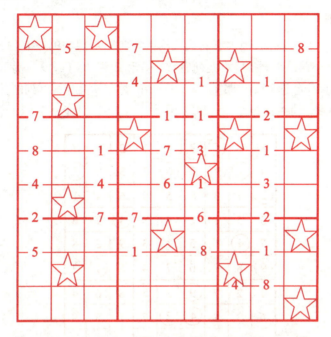

1，2，2，3，3，4，5，5，6，7，7，8，8，8，9

100. 繁星点点数独

在方块里填上数字或者星星，使得每行、每列以及粗线围起来的区域里都有两颗星星以及不重复的数字1～9。每颗星星周围的8个格子里不能有其他星星。

答 案

51. 加法数独

首先观察（2，9）的圆圈，因为它右边没有数字，所以（1，9）和（3，9）加起来应该等于8。因为第一行有数字4和1，第九列有数字3和2，那么（1，9）就不可能是1、2、3、4中的任何一个。也不能是5和6，那样（3，9）中的数字就会与第九列的数字3和2矛盾。也不能是8和9，那样相加的和无法得到8。因此，（1，9）只能是7，（3，9）为1……

8	6	⑤	3	4	1	2	9	7
4	①	⑨	7	⑥	2	3	8	⑤
②	7	3	8	5	9	6	4	1
3	5	1	2	9	8	④	7	6
7	④	6	5	1	3	9	2	8
⑨	8	2	6	7	4	5	①	3
1	2	7	⑨	3	⑤	8	6	4
6	3	8	④	②	7	1	5	9
5	9	4	1	8	6	7	3	2

52. 乘积数独

本题相对比较简单，只要将中间的数字分解成两个数字的乘积即可。当然这两个乘数一定要为数字1～9，并且位置要满足数独的要求。

例如，第四宫里的"\\14"和"//16"，因为14=2×7，16=2×8，所以（6，2）一定为2，（5，1）、（5，3）分别为7、8；左下角的10=2×5，因为（6，2）已经为2，所以（9，2）只能是5，而（8，1）为2……这样推算下去即可得到答案。

6	7	9	8	3	5	1	4	2
8	1	5	4	2	7	3	6	9
4	3	2	1	6	9	8	7	5
5	9	6	2	8	1	4	3	7
7	4	8	5	9	6	2	1	3
3	2	1	9	7	4	6	8	5
9	8	3	6	1	2	7	5	4
2	6	7	3	5	8	9	4	1
1	5	4	7	4	3	5	2	8

第二部分 高手养成：变形数独

53．运算数独

首先看右上角的4个格，相乘为6，则必为1×1×2×3，所以（1，5）必为1。再看左下角的3个格，和为8，则必为1+2+5，这样（6，4）与（6，5）只能是3与6，则可推出（6，6）为4，（5，6）为5，（4，6）为6，（4，5）为5……这样推算下去，即可推出答案。

54．斜线数独

因为1是最小的数字，9是最大的数字，所以从这两个数字入手比较容易，即1的四个斜向上不能有斜线指着，9不能在有斜线的格子里。

这样由（1，5）和（3，8）的两个9可以推出（2，1）为9。同理可以推算出（5，4）也是9。

在左上角的九宫格里，只有（1，1）的四个斜向上没有斜线指着，所以（1，1）为1。同理可以推出（2，7）、（7，3）、（8，4）也为1。

这样推算下去，最后就能解出整个数独。

55．比例数独

首先观察第一宫，上面有个2/5，所以两个数字应该为2和5，这样第二行的前三个数字就可以确定了，因为（2，1）不能为1、2、4、5、6、7、8、9，所以只能为3，（2，2）就为6，则（2，3）为4，（2，4）为1；同理，（7，1）、（7，2）、（7，3）、（7，4）应该为6、4、1、2；（8，3）、（8，4）、（8，5）、（8，6）应该为9、3、6、1；（4，2）为9，（4，5）为5；（1，2）为5，（1，3）为2……

1	5 2/5	2	9	7	8 1/2	4 2/3	6	3
3 1/2	6 2/3	4 1/4	1	2		5 5/8	8	7	9
9	7	8	4	3 1/2	6	5	1	2
8	9 5/9	5				2 1/2	4	6
4	1	6		8		9	3	7
2 2/3	3		6 2/3	4	7 1/9	1 1/8		5
6 2/3	4	1/4	1	1/2	2	9		3	5	8
5	8	9 1/3	3	1/2	6 1/6		1	7	2	4
7	2	3	5	8 1/2	4		6 2/3	9	1

56．累加数独

首先看第二宫的数字6，只有1+2+3=6，所以（2，6）必为3；因为（8，6）为2，所以（3，6）为1，（1，5）为2；又因为7=1+2+4，所以（4，7）为2，（4，5）为1，（4，6）为4；因为（1，4）、（2，3）都为6，所以只能（3，7）为6；第四行中，也只有（4，1）为6……再结合普通数独的规则，即可推出答案。

1	8	3	6	2	5	9	4	7
5	4	6	9	7	3	1	2	8
9	2	7	4	8	1	6	5	3
6	3	8	5	4	2	7	9
7	1	9	2	3	6	4	8	5
4	5	2	7	9	8	3	6	1
8	6	5	3	4	9	7	1	2
3	7	1	8	6	7	5	9	4
2	9	4	1	5	7	8	3	6

57. 斜线相加数独

首先可以确定4个角的数字分别是3、1、6、8。然后看左下角处的(8,1)、(9,2)，和为17,则两数必为8、9。第九行已经有了8,则(8,1)为8,(9,2)为9。同理,(9,8)为7,(8,9)为9;(2,9)为3,(1,8)为2;(1,2)为4,(2,1)为1……这样从外向内推算,就可以得到答案。

3	4	9	7	6	8	5	2	1
1	7	5	4	9	2	6	8	3
2	8	6	1	5	3	9	4	7
4	1	2	9	3	7	8	6	5
7	5	8	6	2	1	3	9	4
9	6	3	5	8	4	7	1	2
5	2	4	8	7	9	1	3	6
8	3	7	2	1	6	4	5	9
6	9	1	3	4	5	2	7	8

58. 数比数独

除了普通数独的规则外,增加了相邻数字大小关系的条件,在思考的时候加入这个判断逐步推算即可得到正确解答。要注意的是,新的规则有个隐藏推论,即没有数字比9大,也没有数字比1小。根据这个推论,可以直接找出第九宫中的1在(8,9)的位置。

59. 牡丹数独

虽然给出的数字不多，但根据几条特殊的规则推算，逐步可以解出整个数独。比如由（3，6）的位置可以知道3不属于组成"花瓣"的4个数字，这样由（4，3）和（6，4）的3得出（5，7）为3。由（3，6）、（4，3）和（6，4）的3可以得出（9，5）为3。另外，中间花瓣五格为奇数的条件等价于中间非花瓣的四格为偶数，这样因为已经有了（5，6）是6，而（2，5）是4，所以只能是（5，4）为4。

2	5	7	6	1	8	4	3	9
3	6	1	2	4	9	5	7	8
9	8	4	7	5	3	1	6	2
4	1	3	9	8	5	6	2	7
8	2	5	4	7	6	3	9	1
7	9	6	3	2	1	8	4	5
1	3	2	5	6	7	9	8	4
6	4	8	1	9	2	7	5	3
5	7	9	8	3	4	2	1	6

60. 心心相印数独

由规则可以知道，左边灰色的（4，2）和（5，2）必然有一个是5，因为（5，8）已经是5了，所以（4，2）为5。又因为（3，5）已经是5了，所以组成"红心"上部的5个数字只能是2、3、4、9和一个未定的数字。另外可以确定出来的是第一行的3个空格。需要注意的是，这道题不是要求九宫格里的9个数字不重复，而是要求每个九宫格的相同位置上的数字不重复。有了这些思路，再按照数独的基本规则，就能把所有空格逐渐推算出来了。

9	7	6	5	2	8	3	4	1
4	9	8	1	6	7	5	2	3
7	6	3	4	5	2	1	8	9
8	5	7	6	3	4	1	2	?
3	1	2	8	4	9	7	5	6
2	4	5	3	1	6	8	9	7
1	3	9	2	8	5	6	4	?
6	8	1	2	7	4	9	5	?
5	2	4	9	3	1	6	7	8

第二部分　高手养成：变形数独

61. 奇偶数独

1～9这9个数字中只有2、4、6、8这4个数字是偶数，因为有了灰色格中必须是偶数的限制，所以解题的时候有新的技巧。比如（3，4）是2，（3，8）是4，（1，8）是6，这样（3，9）这个灰色格子里就只能是8了。

62. 毛虫奇偶数独

结合了毛虫数独、对角线数独和奇偶数独的特殊规则，所以需要判断的地方更多了。因为（5，5）是7，所以能确定（4，4）、（5，4）和（4，5）这三个空格分别是4、5、6。右下角九宫格里的细线连成了一个螺旋线，说明1～9这9个数字是沿着这条螺旋线递增或递减排列的。在普通数独规则和毛虫、对角、奇偶三种特殊规则的限制下，通过假设和排除能一步步把整个数独解出来。

63．对角线数独

对角线数独与普通数独的解题技巧相同，只是比普通数独多了一个条件，即两条主对角线也同样是 1～9 这 9 个数字。

本题中，因为（3，5）为 3，（5，6）为 3，所以（8，4）一定为 3。因为（1，6）为 1，（3，3）为 1，所以（2，7）一定为 1……运用此方法并结合每行、每列、每宫格及对角线都不能有重复数字的规则，即可一步步推算出正确答案。

9	8	3	6	2	1	7	4	5
5	6	2	4	9	7	1	8	3
4	7	1	8	3	5	2	6	9
1	5	9	7	8	6	4	3	2
7	2	8	1	4	3	5	9	6
6	3	4	9	5	2	8	1	7
8	4	7	5	6	9	3	2	1
2	1	6	3	7	8	9	5	4
3	9	5	2	1	4	6	7	8

64．摩天数独

既然数独中间没有给出已知数，那么只能从周围的数字来推算了。

因为（3，9）右侧的数字是 1，说明（3，9）为 9，把左边的 8 个数字全部挡住了。

因为（9，2）下侧的数字是 9，说明从（9，2）往上到（1，2），正好是从 1～9 按顺序排列。

又因为（1，6）上侧和（9，6）下侧的数字都是 5，那么第六列里的 9 只能在（5，6）了。（1，5）和（1，6）上方的数字限制了中间最上边那个九宫格里的 9 只能在第四列；又因为（1，2）和（3，9）中 9 的限制，因此只能是（2，4）为 9 了。

这样逐步推算下去，整个数独就能解出来了。

第二部分 高手养成：变形数独

2	9	5	7	6	1	3	4	8
4	8	3	9	5	2	7	6	1
6	7	1	8	4	3	2	5	9
9	6	8	1	2	4	5	7	3
3	5	2	6	7	9	1	8	4
1	4	7	5	3	8	9	2	6
5	3	6	4	1	7	8	9	2
7	2	9	3	8	6	4	1	5
8	1	4	2	9	5	6	3	7

65．不连续数独

因为（1,8）为3,（2,5）为3,所以（3,2）、（3,3）必有一个是3,因为（3,4）是2,根据要求,上、下、左、右相邻的数不能连续,所以只有（3,2）为3；因为（3,2）为3,那么（3,3）不能是4。因为（2,7）为4,那么（2,1）、（2,2）、（2,3）都不是4,即（1,1）或（1,3）有一个是4,则第一行的其他格都不能再为4,又因为（2,5）是3,所以（2,4）、（2,6）、（1,5）、（3,5）都不是4,那么只能是（3,6）为4……

4	7	2	5	1	6	9	3	8
6	1	5	8	3	9	4	7	2
9	3	8	2	7	4	6	1	5
5	9	3	7	4	2	8	6	1
2	4	7	1	6	8	5	9	3
8	6	1	3	9	5	2	4	7
1	8	6	9	5	3	7	2	4
3	5	9	4	2	7	1	8	6
7	2	4	6	8	1	3	5	9

66. 连续数独

突破点在第八宫中,仔细观察可以看出需要有 6 个连续的数,而且剩下的数字中还必须有 2 个数连续。先看 (7, 5),不能填 1,因为它需要与上下两个格都连续;也不能填 2,那样 (9, 6) 就必须为 7,与上面的 7 矛盾;不能为 4,与右面的 4 矛盾;不能为 5,那样不够 6 个连续的数;不能为 6,那样上面也必须是 7,与 7 矛盾;不能是 7,那样上面应该为 8,与 7 连续;不能是 8,因为那样,左边就应该是 9,上面应该为 9,9 左边应该是 8,与下面的 9 连续;不能是 9,那样上面就无法填数字了;所以 (7, 5) 只能填 3,第八宫也就都可以推算出来了……

6	9	7	4	8	5	3	2	1
1	2	4	7	9	3	8	5	6
3	5	8	2	1	6	9	4	7
2	3	5	8	6	4	7	1	9
7	8	6	1	5	9	4	3	2
9	4	1	3	2	7	5	6	8
5	7	2	9	3	1	6	8	4
8	6	9	5	4	2	1	7	3
4	1	3	6	7	8	2	9	5

67. 花瓣连续数独

突破点在最中间的那个九宫格里。可以看出 (7, 9)、(8, 9) 和 (9, 9) 是 3 个连续数字,(8, 7)、(7, 7)、(7, 8)、(8, 8) 是 4 个连续数字,而 (9, 7) 和 (9, 8) 是 2 个不连续的数字。看起来能有很多选择,但是已知为 1 的 (8, 1) 把很多可能排除了。

因为 (8, 1) 为 1,所以 (8, 2) 是 2,这样中间九宫格里的 (8, 7) 和 (8, 8) 就不能是 1 或 2 了,也就是 4 个连续数字不能是 "1、2、3、4" 或 "2、3、4、5"。

(1) 如果是 "3、4、5、6",则 3 个连续数字只能是 "7、8、9",剩下的 1、2 无法满足 (9, 7) 和 (9, 8) 不连续的条件。

(2) 如果是 "4、5、6、7",则 3 个连续数字是 "1、2、3",即 (8, 9) 只能是 2,和 (8, 2) 重复。

(3) 如果 4 个连续数字是 "6、7、8、9",因为 (14, 5) 是 8,所以只能是 (8, 8) 为 6,(7, 8) 为 7,(7, 7) 为 8,(8, 7) 为 9。剩下的 "1、5" 则对应 (9, 8) 和 (9, 7) 两格。

（9，8）为1，则（9，9）只能为4，（8，9）为3，（7，9）为2。

考察第九行的前9个格子，已经确定的是从（9，6）到（9，9）的4个格子，分别是"6、5、1、4"，（8，2）的2使得剩下的"2、3"只能在（9，4）和（9，5），而（9，1）、（9，2）、（9，3）是"7、8、9"。

再考察左边最中间的九宫格，已经有了"1、2、7、8、9"，剩下"3、4、5、6"4个数字。因为（6，3）是6，九宫格里的"5、6"只能在（7，1）、（7，2），剩下填入（7，3）、（8，3）的"3、4"无法满足不连续的条件。

（4）4个连续数字只能是"5、6、7、8"了，因为（14，5）是8，所以（8，8）为5，（7，8）为6，（7，7）为7，（8，7）为8。这样（9，7）为1，（9，8）为9，（7，9）为2，（8，9）为3，（9，9）为4。

中间的九宫格完全推理出来后，可以继续把右边中间的两个九宫格、右下角的九宫格推算出来，进而逐步把整个数独推算出来。

68．无缘数独

首先可以确定（9，3）为5；因为（6，6）为1，则它周围的8个数字都不能是1，而

(9,2) 为 1，所以 (8,4) 应该为 1，(7,8) 也应该为 1，同理推得 (4,7) 也是 1；(1,3) 或者 (3,3) 有一个是 1，(1,5) 或者 (3,5) 也有一个是 1，所以 (2,9) 一定是 1……这样推算下去，即可得到答案。

2	9	4	3	1	6	5	7	8
3	5	6	8	9	7	2	4	1
8	7	1	2	4	5	3	9	6
6	4	3	5	7	9	1	8	2
1	2	9	6	8	3	4	5	7
5	8	7	4	2	1	6	3	9
7	6	2	9	3	4	8	1	5
9	3	8	1	5	2	7	6	4
4	1	5	7	6	8	9	2	3

69．黑白点数独

从 (2,8)、(2,9)、(3,8) 和 (3,9) 四个格子之间的黑白点分布看，满足条件的只能是"3、4、5、6"顺时针或逆时针排列。又如果 (3,8) 是 6，则 (3,7) 是 5 或 7，(3,6) 就无法填入能满足黑点的数字了。这样，(3,8)、(2,8)、(2,9) 和 (3,9) 分别是 3、4、5 和 6。然后按照黑白点的规律并注意每行、每列及每个九宫格里数字不能重复，即可解出整个数独。

3	6	4	1	2	5	7	8	9
8	7	2	6	3	9	1	4	5
5	1	9	7	8	4	2	3	6
4	5	6	3	1	2	8	9	7
1	9	7	4	5	8	6	2	3
2	8	3	9	6	7	5	1	4
7	2	1	5	9	3	4	6	8
6	3	5	8	4	1	9	7	2
9	4	8	2	6	7	3	5	1

第二部分　高手养成：变形数独

70. 杀手数独

规则不复杂，可是隐藏了很多条件，比如1～9这9个数字的和是45，所以每行、每列以及每个九宫格的数字加起来都应该等于45。现在考察左上方的那个九宫格，可以计算出其中8个格子的和是11+10+10+9=40，所以可以推出（3，3）的数字是45－40=5，（4，3）为9，然后将和分解为两个加数后分别进行假设，直至推出答案或者发生矛盾……这样逐步推算下去，再结合普通数独的规则就能解出整个数独。

71. 隐藏杀手数独

先看最后一行的11，只有5+6=11，所以里面的两个数必然是5和6，因此前面的5就应该是两个数字的和，即2+3，后面相加等于10，所以只能是（6，6）为4，（5，6）为6，而（6，5）为1……这样逐步推算下去，就能解出整个数独。

72. 矩形杀手数独

除了已经标出来的虚线框里数字的和外，题中还隐藏了一个已知条件，即因为每行、每列都是不重复的数字 1～9，所以每行、每列数字加起来的和应该是 45。把这个隐藏条件和虚线框里数字的和结合起来，逐步推算即可得到答案。

73．数比杀手数独

　　首先，先把相加等于 3 的两个空格确定下来，它里面的两个数字一定是 1 和 2，再根据数独的规则，可以判断出第五宫中中间三个相加为 9 的数字分别是 1、2、6。

　　再看第一宫，因为一个宫的九个数字的和为 1+2+…+9=45，而已经标出的四个格子的数字和为 8+5=13。那么剩下的五个格子里的数字和必定是 45－13=32。又因为（1，3）+（1，4）< 14，所以（2，1）+（2，2）=（2，3）+（3，3）必定小于等于 12。如果这两个和都小于等于 11，那么剩下的一格（1，3）就必须大于等于 10 了，不符合题意。所以第一宫中这两个相等虚线框的数字和为 12，且（1，3）=8，从而也就确定了（1，4）=5。

　　按照这个思路一直推算下去，即可得到完整的答案。

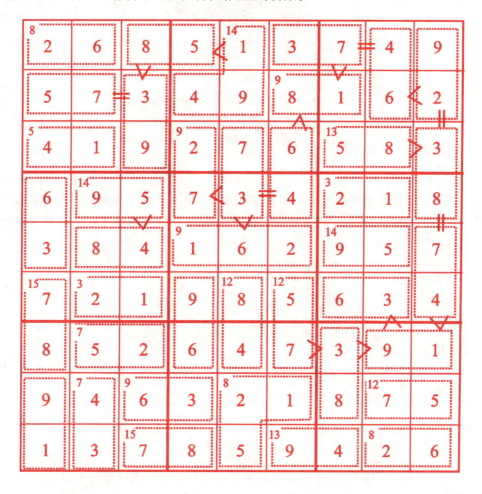

74．黑洞数独

　　先看最上面那个九宫格，应该为 1～9 这 9 个数字，而（3，6）为 5，则（2，5）一定是 5；所以（3，5）就只能是 8 了；空的两个应该是 6 和 9。再看从数字 7 到 3 的那条直线，6 和 9 就可以确定了，（4，4）应该为 4，（4，5）应该为 8……

115

75. 年轮数独

形式很独特，但是解题的思路是和普通数独一样的。比如最外侧的一环已经有了"1、2、3、4"，最下边的扇形已经有了"5、8"，最右下角的粗线区域里又有了6，所以最下方的空格应该是7。

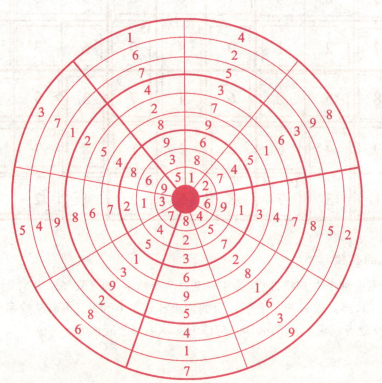

第二部分 高手养成：变形数独

76．十字章数独

首先根据题目所说的对称，可以知道除去灰色部分，剩下的部分是对称的，所以将可以填上的数字填上。然后看第十行，因为（3，11）、（4，10）、（6，12）都是7，所以（10，12）也一定是7，根据对称的特点，（10，2）也是7……这样一直推算下去，就会得到最终答案。

77．勋章数独

本题的形式很独特，但基本的解题思路是和普通数独一样的，只要看清行、列、大圆和大星各数字之间的关联，就能逐步解出整个数独。先考虑右上角大圆周围数字的分布，因为这个大圆右下半个星星里有个6，上边中间大圆右下方小格子里有个6，所以右上角大圆周围的6只能在上侧的两个格子里。再考虑左上角大圆周围的数字分布，因为这个大圆左下半个星星里有个6，上边中间大圆右下方小格子里有个6，而最上边一行的6只能在右上角大圆的上侧，所以左上角大圆周围的6只能在这个大圆右方上侧的小格子里。同理可以推算出左下角大圆周围的6在这个大圆下方右侧的小格子里，这样逐步推算即可解出整个数独。

78. 六角数独

数独的形式很新颖,但是看清每个小三角互相之间的制约关系就能根据普通数独的解题思路逐步解出这个数独的正确答案。比如考虑左侧中间大三角里4的定位,因为已经有了(2,3)和(6,4)两个已知的4制约,所以只能是(4,2)为4。同理,可以马上得出(3,6)为4。

第二部分 高手养成：变形数独

79．连体数独

本题比较简单，只要按照普通数独的规则逐个数字填入空格中即可，同时结合三条特殊的规则很容易算出答案。

例如，(1，1)为9，(5，6)为9，(7，8)也为9……

80．三连体数独

本题与普通数独没有太大区别，只是把3个数独放在一起，使其中一部分共用，增加了判断条件，只要细心就可以得出答案。

例如，可以很容易推算出(6，2)为7，(8，6)也为7，(7，7)和(7，9)中有一个为7，那么(8，14)必为7……

优等生必玩的趣味数独 —— 培养敏锐观察力

81. 超级数独

本题与普通数独没有太大区别,只是把 4 个数独放在一起,使其中一部分共用,增加了判断条件,只要细心,就可以得出答案。

82. 锯齿武士数独

本题是将 5 个普通的锯齿数独放在一起,使其中一部分共用,增加了判断条件,看似复杂,其实只要细心,就会很容易解出答案。

83. 魔幻数独

因为灰色格子里的数字比相邻白色格子里的数字大，所以1只能在白色格子里，9只能在灰色格子里。因为（4，1）是7，所以（4，2）只能是8或者9，又因为（8，2）已经是8了，所以（4，2）为9。再进一步推算，因为（5，9）和（7，6）是9，所以（6，4）为9。这样逐步推算，即可解出整个数独。

6	4	1	7	9	3	8	5	2
3	7	9	8	2	5	4	6	1
8	2	5	4	1	6	9	3	7
7	9	8	6	3	2	5	1	4
5	6	3	1	4	8	7	2	9
4	1	2	9	5	7	6	8	3
2	3	4	5	8	9	1	7	6
1	8	7	2	6	4	3	9	5
9	5	6	3	7	1	2	4	8

84. 单元数独

本题与普通数独很像，但更有趣。因为第二行有数字8，那么第一宫的第一行一定有个数字8，又因为第一列也有数字8，所以（1，4）的椭圆里一定是8；再看（2，2）为数字1，（4，3）也是1，那么第二列椭圆中一定没有1，而只能是（8，4）为1……

2	7	3	8	6	5	4	1
6	1	4	5	2	7	8	3
8	3	7	2	5	6	1	4
5	6	1	4	7	8	3	2
7	8	2	3	1	4	6	5
1	4	5	6	3	2	7	8
3	2	8	7	4	1	5	6
4	5	6	1	8	3	2	7

85. 老板数独

观察（4，6）这个灰色格子，有上、下、左三个相邻格子，所以不能是1、2，又因为（3，4）为5，（3，6）为4，所以（4，6）只能是3或6。如果（4，6）为3，则（4，5）和（5，6）只能都是2。观察第四列，无论（2，4）填4还是6，（1，4）都不能是2，这样第四列没有空格可以填2了，说明一开始的假设是错误的，即（4，6）应该是6。这样（4，5）和（5，6）就分别应该是3和5了。同理，逐步推算下去，整个数独就能解出来了。

4	2	5	3	6	1
6	1	3	4	5	2
3	6	2	5	1	4
1	5	4	2	3	6
2	3	1	6	4	5
5	4	6	1	2	3

86. 雪花数独

和普通数独的思路一样，找好各数字之间的关联就可以了。比如因为（4，4）是2，所以右上角六边形里的2只能在（2，6）中。同理可以确定（3，5）为3，（3，6）为6。

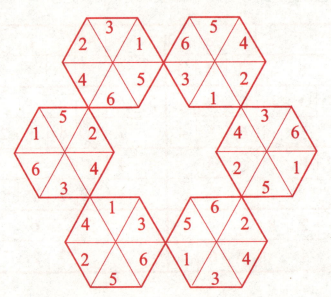

87. 毛虫数独

注意灰色线连起来的格子内的数字只是按大小排序,并不一定连续,这就给解题造成了一定的困难。但是仔细观察,还是能够找到突破口的。

从(9,5)到(5,8)的灰色线连着8个格子,而又因为有(3,5)为8、(5,5)为4的限制,使得(9,5)到(7,5)的3个格子必须分别是"1、2、3"。这样第五列已经有了"1、2、3、4、8",(3,5)为8的存在使得(2,5)和(1,5)只能分别是5和6,而(1,6)、(1,7)和(2,7)就必须分别是7、8和9。这样一步步推算下去,整个数独就能解出来了。

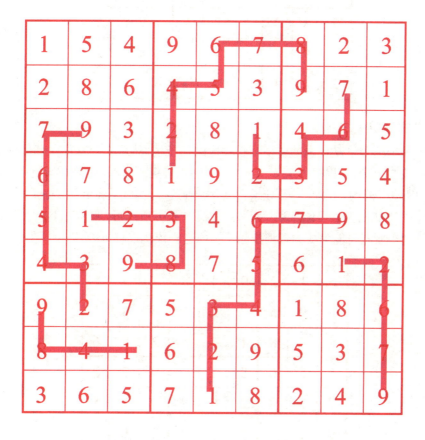

88. XV数独

先将可以确定的数字都填入空格中,因为(3,7)为9,(4,8)也为9,那么(7,9)和(8,9)中一定有一个是9,又因为V旁边的两个数字都应该在数字1~4之间,所以只能是(7,9)为9。再看第九宫,一定有(7,7)和(7,8)为1或4,(8,8)和(8,9)为2或者3,根据数独的规则即可确定数字1~4的位置……就这样依次推算下去,即可解出整个答案。

6	1✗	9	4	5	7	3✗	8✗	2
8	4	3✓	9✗	1	2	7	6	5
7	5	2	6	3	8	9✗	1✓	4
1	6	5	7	4✗	3✓	2	9	8
3✓	2	4	8	6	9✗	5	7✗	1
9	7	8	5	2	1✓	4✓	3	6
5	3✗	7	2✗	8	6	1✓	4✓	9
4	9	6	1	7	5	8✗	2✓	3✗
2✗	8	1	3	9	4✗	6	5	7

89．单词数独

首先将每个字母可以代表的数字写在相应的格子里，然后你会发现含有字母U的只有数字为4的英文单词，所以可以确定（8，8）为4；确定了（8，8）为4以后，将第八行和第八列里的所有可能为4的都去掉，如果它只有一种选择，就可以确定那个格子里的数字了。例如，（1，8）本来有两种可能，3或者4，现在排除了4，所以可以确定（1，8）为3，那么第一行和第八列中所有可能为3的数都排除了……这样依次推算下去，即可解出整个答案。

6	1	2	9	4	8	7	3	5
3	9	5	7	2	6	4	8	1
4	7	8	1	3	5	2	9	6
5	8	6	3	1	4	9	7	2
7	3	4	2	6	9	5	1	8
9	2	1	8	5	7	3	6	4
2	6	9	4	7	1	8	5	3
8	5	3	6	9	2	1	4	7
1	4	7	5	8	3	6	2	9

90．字谜数独

把（6，3）、（6，4）、（7，3）和（7，4）这4个格子分别编上"a、b、c、d"4个符号，则必须有4组数字满足"ac××、ab××、××cd、××bd"的形式。检查给出的14组数字可知，这4组数字是"4316、4931、2431、8491"。如果c=3，即（7，3）是3，则（7，1）为2，

但是14组数字里不存在第二个数字是2的数组,所以c=9、b=3,即从(6,3)到(6,6)是"4、3、1、6",(6,3)到(9,3)是"4、9、3、1",(7,1)到(7,4)是"8、4、9、1",(4,4)到(7,4)是"2、4、3、1"。把剩下的10组数字填入白色格子,再逐步推算,即可解出整个数独。

3	7	8	9	2	4	1	6	5
4	1	2	5	6	7	9	8	3
9	6	5	8	3	1	2	4	7
1	8	6	2	7	5	3	9	4
2	3	7	4	9	8	6	5	1
5	9	4	3	1	6	8	7	2
8	4	9	1	5	2	7	3	6
7	2	3	6	4	9	5	1	8
6	5	1	7	8	3	4	2	9

91. 骰子数独

本题形式比较独特,解题的思路则变化不大。可以看出,(1,3)、(3,6)和(6,1)只能是6,(4,4)则只能是1。再参照普通6×6数独的规则逐步推算,即可解出整个数独。

92．奇怪数独

根据规则，折角形的格子和大正方形会被两行、两列共用，这就使判断过程变得相对简单了。比如右下角的大正方形，横向两行已经有了"1、3"，竖向两列已经有了"2、4、5、9"，九宫格里已经有了6，左上角的大正方形已经是8，所以这个大正方形只能为7。按这样的思路逐步推算，即可解出整个数独。

4	3	6	1	8	5	9	2	7
	8		7			6	3	5
1				2	9	4		
9	2	5	3	4		7	1	8	6

(省略，完整数独图如上)

93．数码数独

观察第二列，已经显示了一段的几个格子都不可能是1，所以先假设（3，2）为1，这样（4，6）也为1，（4，3）为4，逐步推算下去会出现矛盾，说明先前的假设是错误的，即应该是（6，2）为1，这样（5，5）也为1。观察右上角的六宫格知道，（2，5）只能是1或者4，而已经有（5，5）是1了，所以（2，5）为4，（2，4）为1。这样逐步推算下去，即可得到正确答案。

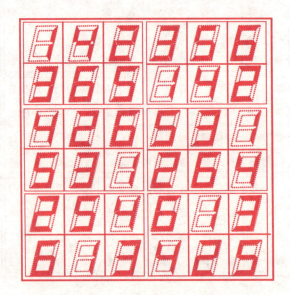

第二部分 高手养成：变形数独

94. 幻方数独

先在灰色格子里填入一个幻方，然后再按照普通数独的规则填入数字即可。

95. 拼图数独

提示：该题较简单，不再解释。

96. 箭头数独

把数独里的数字变成了有方向的箭头，那么思考的方法也要有一些相应的变化。

比较简单且能看出来的是（5，9）。因为（5，7）标着0，说明第五行中的"→"只能在（5，9）。

真正的突破点在标着4的单元格（3，1）。因为（3，1）左上方标着1，所以（3，1）右下斜方向的格子里不能有"↘"。这样就只有第三行的"←"、第一列的"↑"和"↓"以及右上斜方向的"↗"能指向它，正好是四个，所以（1，3）只能是"↗"。

（9，6）下方标着4，可见除了第六列的"↓"指向它以外，左上斜方向有两个"↘"右上斜方向有一个"↙"指向它。因为（2，7）和（5，8）已经是"↙"，所以（7，9）是"↙"；因为（2，2）是"↘"，所以（5，1）和（7，3）是"↘"。

至此，所有的"↙"都能推算出位置了，其他的空格也能逐渐推算出来。

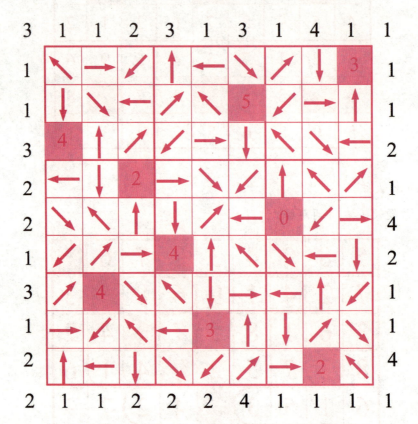

97. 预约数独

仔细观察右边的数字，会发现其中只有一组里没有重复的数字，所以这组一定填在第三宫格内。确定这个以后，就可以分别假设两种顺序，将其他的数字填入另外的几个灰色空格内，直至发现矛盾或者推出结果。

第二部分　高手养成：变形数独

```
6 8 1 5 9 4 3 2 7
5 9 7 2 8 3 4 1 6
3 4 2 6 7 1 5 8 9
9 3 4 1 5 7 2 6 8
2 7 8 9 3 6 1 4 5
1 5 6 8 4 2 9 7 3
7 2 9 3 1 5 8 6 4
8 1 3 4 6 5 7 9 2
4 6 5 7 2 9 8 3 1
```

1 9 7 3 4 2 1
6 5 3 9 3 7 8
7 1 5 9 8 7 6
7 2 3 4 5 8 9
7 8 4 6 5 7 4
8 4 1 8 5 7 8

98．分隔数独

首先观察第二行和第三行右边的数字"5—3：7"和"5—9：5"，因为5与3之间的距离为7个格，则5一定在第一宫里，所以第三行的5一定在第二宫里，并且只能在（3，4）中，而（3，9）为9；同理，（4，1）为1，（4，6）为8；再看第二列上面的数字"5—2：6"，则可以确定（2，2）为5，（2，9）为3、（8，2）为2……再结合普通数独的规则，即可推算出答案。

	3—7：5	5—2：6	6—1：7	4—9：5	4—1：5	6—4：6	3—1：5	4—2：7	6—5：4	
	3	1	6	8	4	9	5	7	2	1—2：7
	8	5	9	1	2	7	6	4	3	5—3：7
	2	7	4	5	3	6	8	1	9	5—9：5
	1	9	2	4	7	8	3	5	6	1—8：5
	5	4	3	6	9	2	7	8	1	5—8：7
	7	6	8	3	1	5	2	9	4	6—4：7
	4	8	1	2	6	3	9	3	5	4—1：5
	9	2	1	7	8	4	3	6	7	9—6：7
	6	3	7	9	5	4	1	2	8	7—8：6

99．星星数独

突破点为右下角的8，它上下两格一定为1和9。假设（9，8）为9，则（8，8）为1，（7，8）为2，（6，8）为4，（5，8）为7，（4，8）为6或者8，若（4，8）为6，则（3，8）为8，（2，8）格就会出现矛盾，所以（4，8）只能为8，而（3，8）为6，（2，8）为5；同理，如果

(9,8)为1,也可以推算出(2,8)为5。同样还可以推算出(6,1)为5,(8,1)为2……直至推算出最后答案。

1,2,2,3,3,4,5,5,6,7,7,8,8,8,9

100. 繁星点点数独

因为(9,10)、(10,9)、(5,5)都是9,所以在右下角的宫格中只有(11,7)和(11,11)两个位置可能是9,假设(11,11)是9,右上角的宫格中只有(1,8)为9,这样它下面的那个宫格里就没有位置可以放9了,出现矛盾。所以(11,7)为9,另外几个9也就可以很容易地确定下来了……

第三部分 魔鬼训练：数独的近亲

一、数独的近亲概述

谜题是排除文化差异对做题者的影响，并只用数字和图形表示的逻辑推理游戏。数独是谜题的一个分支，由于其规则简单、种类众多，因此从众多谜题中脱颖而出，成为大众熟知的数字谜题。

不过，除了数独以外，还有不少谜题也非常有趣，也有众多的爱好者，而且谜题与数独有着千丝万缕的关系。数独爱好者同样不能错过这些优秀的逻辑推理游戏。下面简单介绍几类谜题。

（1）数和：与杀手数独很相似的一类谜题，规则要求同行、同列（同一段）数字不能重复，且每段数字之和等于左边和上边的提示数字。

（2）数图：根据盘面周围的数字提示，把盘中涂成符合条件的图案，很像"十字绣"。

（3）数回：游戏由0、1、2、3四个数字组成。每一个数字代表四周画线的数目，并在最后成为一个不间断、不分岔的回路。

（4）数墙：数墙的世界是一个非黑即白的二元世界。在游戏中要知道哪些格子需要涂黑，哪些应该留白。

（5）数连：与数独一样，数连是一个简单明快的游戏，只需要把属于相同数字的同伴用线连接起来。不过，这种游戏看起来非常简单，实际上是很有深度的，所以要很好地掌握数连的技巧，还需要下一番功夫。

二、拓展数独训练题

101. 数和游戏

在空格内填入数字1~9，使得行、列加起来的和等于边上给出的数字，并且与算式里的数字不能重复。

102. 数墙游戏

把一些方格涂黑，使得黑色的格子形成一条"路"。在整个图形中分割出几个白色的区域，每个白色的区域中有且只有一个数字，并且数字的大小等于这个白色区域里格子的数量。黑格子形成的"路"必须是连通的，从一个黑格子出发能沿着这条"路"走到其他任意一个黑格子，并且黑格子不能有2×2大小的"广场"。

103. 造桥游戏

用线作桥把图中的圆圈连起来,使其满足以下条件。
(1) 连线只能是水平和竖直两个方向,不能拐弯和交叉。
(2) 两个圆圈间最多可以有两条连线。
(3) 从一个圆圈出发,能通过若干条连线和若干个圆圈到达其他任意一个圆圈。
(4) 每个圆圈上的连线数量等于圆圈里的数字。

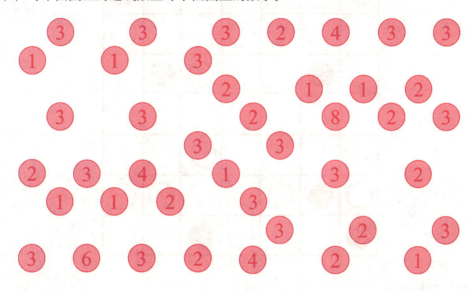

104. 循数而行

这个游戏很有趣,在一个写满数字的方格中,在数字周围的边框上画线,中间的数字是几,它周围的边框就要画几条线,而且这些线最终要连成一条闭合的曲线。你能做到吗?

3	3	3	3	3
1	2	1	2	1
2	2	2	2	2
2	3	3	2	2
2	2	2	2	3

105. 贪吃蛇

贪吃蛇游戏的规则是，不管是黑色圆圈还是白色圆圈，都必须有两条线段经过它。如果是黑色的圆圈，那么经过它的两条线段要成90°；如果是白色的圆圈，那么经过它的两条线段要连成一条线段。并且所有的线段最后要连成一条闭合的曲线。你知道该怎么连吗？

106. 数块游戏

在空格里填入数字，使其满足以下条件。
（1）横向和纵向连续相同的数字组成一个数块。
（2）每个数块里的格子数量等于这个数块里的数字。
（3）相同数字的数块不能在横向或纵向上接触。

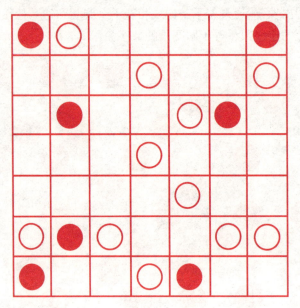

第三部分 魔鬼训练：数独的近亲

107. 盒子游戏

把题中的大正方形分成若干个小正方形和小长方形的区域，使得每个区域里只含有一个已经标出来的数字，并且组成这个区域的方格数目等于这个数字。

108. 划分数块

请把下面的数字块划分成形状和面积都相等的4份，并且使每一块上的数字之和都相等。你知道该怎么划分吗？

109. 房间数独

将某些方块涂黑，使其满足以下条件。

(1) 所有白色方块是连通的。
(2) 所有黑色方块不相邻。
(3) 各粗线围起来的范围内黑色方块数量等于标出来的数字。
(4) 横向或竖向连续的白色方块最多只能跨越一条粗线。

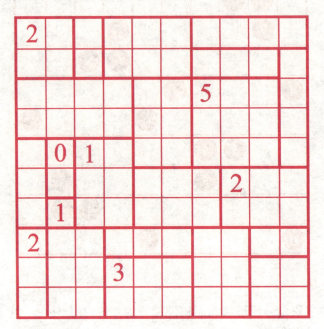

110. 蜂窝数字

请将22～40这19个数字分别填进下图的19个空格内，使6个由三格组成的横斜线各自的和相等，6个由四格组成的横斜线各自的和相等，3个由五格组成的横斜线相等。

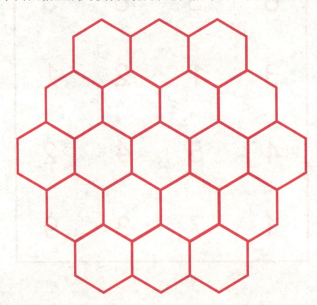

111. 涂黑数独

把一些格子涂黑,使得每一行、每一列中没有涂黑的方格里的数字不重复;并且涂黑的格子不能上下、左右互相连接(即不能有两个以上并排的黑格子),没涂黑的格子必须能连通起来。

4	1	8	5	3	1	6	8
8	1	5	6	3	3	4	7
1	1	4	4	6	5	7	2
5	8	4	3	2	7	1	7
7	3	6	8	4	3	2	1
6	1	2	1	5	8	3	8
3	6	1	2	3	4	8	5
8	4	7	2	1	6	5	5

112. 势力范围游戏

沿着格子线画线,把下图划分成几个势力范围,使得每块势力范围内只有一个点,并且势力范围关于这个点对称。把黑点的所有势力范围涂上灰色,能组成一个阿拉伯数字的轮廓。

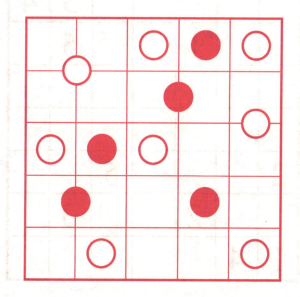

113. 白色蔓延游戏

把图中尽量少的方格涂黑，使得圆圈里的数字等于从这个格子出发的上、下、左、右4个方向连续白色格子的数目和（包括含圆圈的这个格子本身）。

114. 数字配对

用折线沿着方格把相同的数字两两连接起来，使其满足以下条件。

（1）折线只能水平或竖直地行进，互相不能交叉。

（2）一个方格只能经过一次，不能经过标有数字的方格，并且所有没标数字的方格都有折线经过。

第三部分　魔鬼训练：数独的近亲

115. 拼图游戏

有4种拼图，每种各3块，请将这12块拼图放在下面的格子内，使得星星所在的位置完全重合，并且同种拼图不能相邻，包括对角线相邻也不行，你知道怎么拼吗？

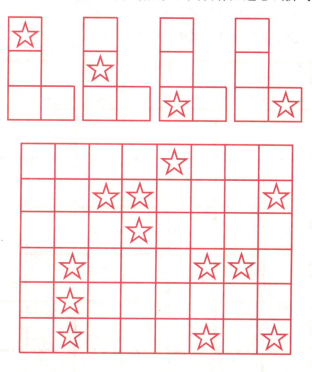

116. 拼正方形

用下面给出的数字块拼成一个5×5的正方形（数字块不能变换方向），使得这个正方形上的数字从左上到右下的对角线呈对称排列，你知道该怎么拼吗？

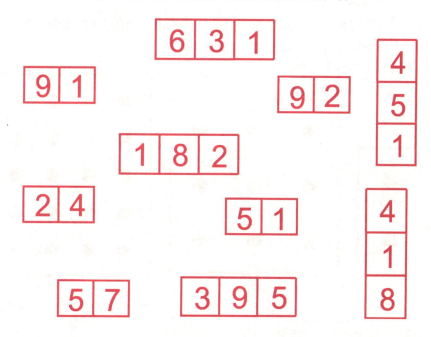

117. 积木数独

在每个粗线划分的区域内选择连续的 4 个方格涂黑，使其满足以下条件。
(1) 相同形状的黑色方格不能接触（可以在角上接触）。
(2) 所有的黑色方格互相连通。
(3) 黑色方格不能组成 2×2 或者更大的正方形。

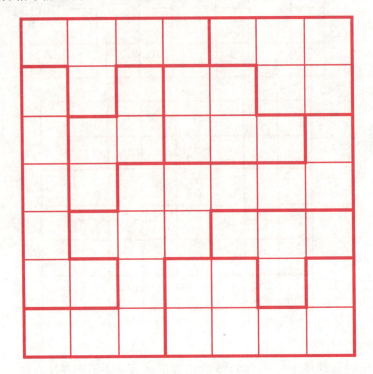

118. 正方形钉板

请在下面这些正方形钉板上用尽可能多的钉子连出一个闭合的、每个顶点都在钉子上的多边形（每个钉子只能用一次），你知道怎么连吗？

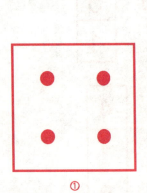

①

②

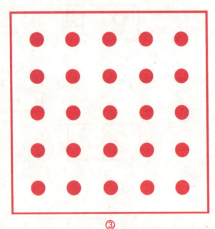

③

119. 三角形钉板

请在下面这些三角形钉板上用尽可能多的钉子连出一个闭合的、每个顶点都在钉子上的多边形（每个钉子只能用一次），你知道怎么连吗？

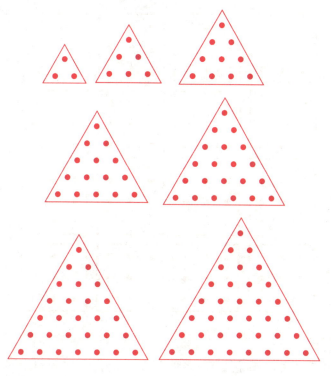

120. 正六边形钉板

请在下面这些正六边形钉板上用尽可能多的钉子连出一个闭合的、每个顶点都在钉子上的多边形（每个钉子只能用一次），你知道怎么连吗？

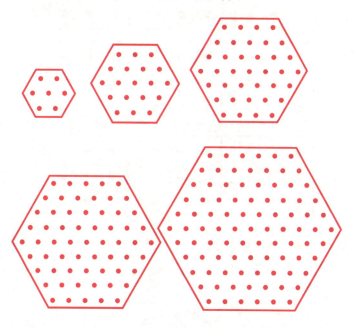

121. 连成四边形

用 3×3 的钉板可以连出 16 种不同的四边形，请用下面的钉板把这 16 种图形都表示出来，你知道怎么连吗？

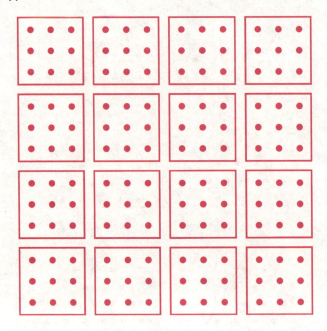

122. 4 等份钉板

把一个 3×3 的钉板分成 4 等份有很多种方法，你能找出 10 种以上的方法吗？

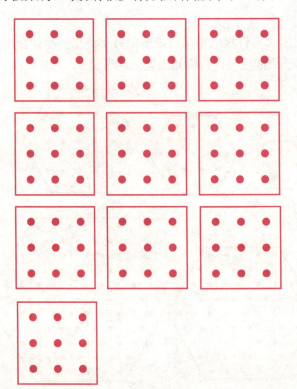

123. 放皇后

大家都知道,国际象棋中的皇后既可以直着走,又可以沿对角线斜着走。在下面的各个棋盘中,最多可以放入几个皇后,才能保证皇后之间不能互吃?该如何放?

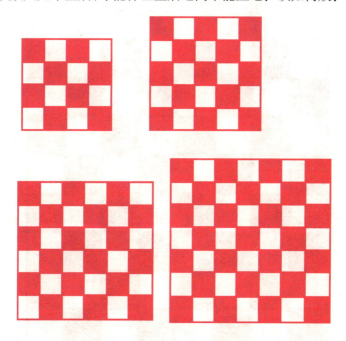

124. 国王

国际象棋中国王的走法比较特殊,只能走上、下、左、右或者斜向一格。

下图是一个国际象棋的棋盘,请在这个棋盘上摆放若干个国王,要求这些国王能够进入棋盘上的所有格子,包括有国王占据的格子。请问,这样至少要摆多少个国王?

125. 走遍天下

如下图，这是一个标准的国际象棋棋盘。假设在右上角的格子里有一个皇后，想要走遍所有的格子，且每个格子只能穿过或进入一次，那么皇后至少要走几步，才能走完这个棋盘？

126. 皇后巡游

如果要让皇后进行一次回到起点的巡游，且每个格子可以多次进入，那么皇后至少要走多少步，才可以进入或者穿过所有的格子？

127. 象巡游

大家都知道,国际象棋中的象只能斜着走,而且只能在同种颜色的格子内行动。现在假设有一只象在左上角的黑色格子里,每个格子只能进入或经过一次,那么它最多可以进入多少个黑色格子?

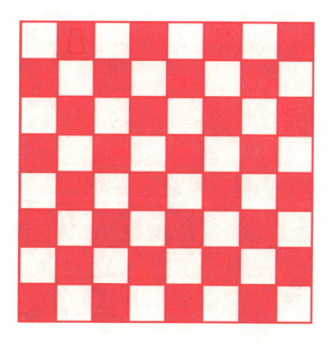

128. 摆象

在一个标准的国际象棋棋盘里,最多可以摆多少个象,才能保证这些象不能互吃?下面这种摆法摆了12个象,请问还有更多的摆法吗?

129. 车的巡游

在国际象棋中,车只能横着走或者竖着走,格数不限。现在要求车要走遍所有的格子,且每个格子只能进入或者经过一次,起点和终点都在左下角的梯形处,请问最少要走多少步才能完成巡游?

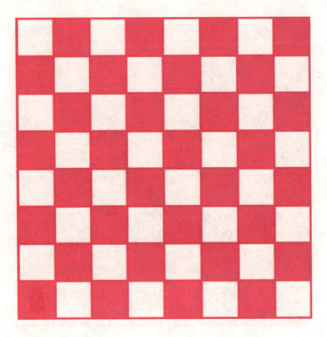

130. 放五角星

在下面的棋盘中放入16个五角星,使得无论是水平方向、竖直方向还是斜向,都没有3个五角星连成一条直线,你知道怎么做吗?(有两个五角星的位置已经给出)

答　案

101．数和游戏

因为总和算式中的数字不能重复，而且必须在数字1～9中，所以总和为3只有一种可能，即1+2；总和为4也只有一种可能，即1+3。另外，16=7+9，17=8+9，6=1+2+3，7=1+2+4，23=6+8+9，24=7+8+9；10=1+2+3+4，11=1+2+3+5，29=5+7+8+9，30=6+7+8+9……所以题目中的数字3和4就成了解题的突破点。运用假设法并结合方程组进行计算，即可得到答案。比如本题左上角的6个空格可以由其上侧的"3、5、7"知道总和是15，再由左侧的"6、10"可以知道（2，4）为1。

102．数墙游戏

突破点有以下几个。

（1）数字1的上、下、左、右必须涂黑。

（2）两个数字之间只有一格的，这个格必须涂黑。

（3）两个数字呈对角的，另外对角的两个格必须涂黑。

首先将满足这三个条件的格子涂黑，然后根据其他条件判断剩余的格子是否涂黑，这样一直推算下去，就可以得到正确答案。

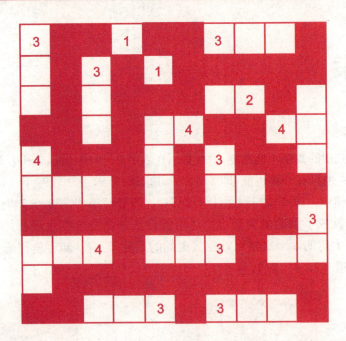

103．造桥游戏

角上的数字 3 只能与两个方向相连，所以它与这两个数字一定至少有一条连线；边上的数字 6 一定与相邻的三个数字各有两条连线；中间的数字 8 一定与四个方向各有两条连线。连完所有这些内容之后，你会发现有几个数字被挡在了外面，所以它只能与它旁边的数字相连了，例如左上角的 1 只能向下连一条直线，右下角的 1 只能与它左面的 2 连一条直线……

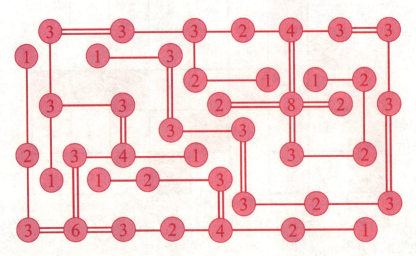

104．循数而行

方法如下页左上图所示。

105．贪吃蛇

方法如下页右上图所示。

第三部分 魔鬼训练：数独的近亲

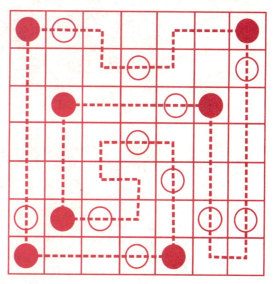

106. 数块游戏

先看右下角的数字3，它只能与它上面的3连起来构成一个数块，否则就会违反第三条规则。再看左下角的数字4，它右面的两个格应该都是4，否则位置不够；那样（7，4）位置的数字3只能与（7，5）、（6，5）构成一个数块；这样（5，5）和（5，6）就应该都是4……这样依次推算下去，即可解出整个答案。

6	6	6	2	2	3	2
3	3	6	6	6	3	2
3	2	3	3	1	3	1
1	2	3	5	4	2	2
2	5	5	5	4	4	3
2	5	4	1	3	4	3
4	4	4	3	3	1	3

107. 盒子游戏

因为必须划分成小正方形或小长方形，所以（1，10）的9只能是一个3×3的正方形，然后能确定（1，5）的8和（3，7）的5的形状，这样依次推算，可以逐步得到正确的答案。

方法如下图所示。

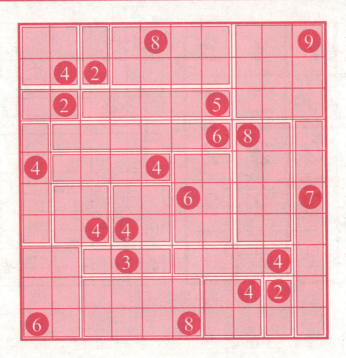

108．划分数块

方法如下图所示。

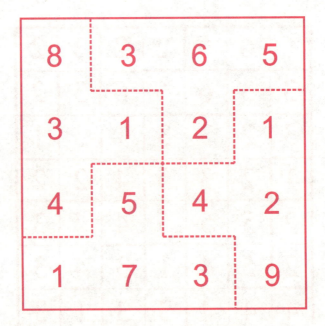

109．房间数独

首先看（7，2）的那个孤立的 1，它本身一定涂黑，所以它周围的 4 个格子必须都是白的；带 0 的两个格子也都是白的。再看左上角的 4 个方格，要涂黑两块，则一定是（1，1）和（2，2），否则就会出现白格孤立的情况；中间的数字 5 也只有一种可能，即 4 个角和中心的格子涂黑……要注意的是第四条规则，它会对格子是否涂黑有很多限制。

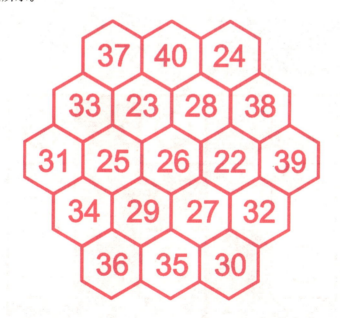

110. 蜂窝数字

答案如下图所示。

111. 涂黑数独

因为每行、每列不能有重复的数字,所以先把行列里有重复的数字标记出来,可以看出 (1,2)、(2,2) 和 (3,2) 是三个连续的 1。既然涂黑的格子不能连续,所以只能是 (1,2) 和 (3,2) 的格子涂黑。这样,(1,3) 不能涂黑,使得 (1,8) 涂黑;(3,3) 不能涂黑,使得 (3,4) 和 (4,3) 涂黑……加上没有涂黑的格子要连通,即可逐步推算出正确结果。

	4		8	5	3	1	6	
8	1	5	6		3	4	7	
1		4		6	5	7	2	
5	8		3	2	7	1		
7	3	6	8	4			2	1
6		2	1	5	8	3		
3	6	1	2			4	8	5
	4	7		1	6		5	

112. 势力范围游戏

势力范围游戏是个比较简单的游戏，(1，5)、(5，5) 这种在角落的白点说明它们的势力范围只有这一格，而像左上角那个白点的势力范围必须是 4 个格子组成的正方形。最后黑点势力范围形成的是数字 4 的轮廓。

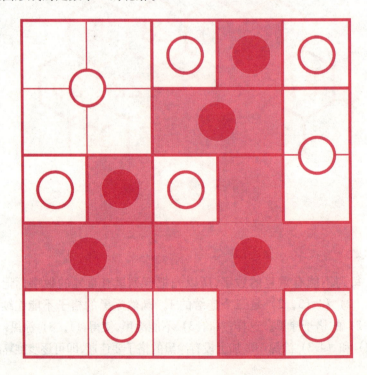

113. 白色蔓延游戏

因为整个图形横纵都是 7 个格子,所以(5,3)的 13 说明整个第五行和第三列都是白色格子。以此为突破口,逐步推算即可得出答案。

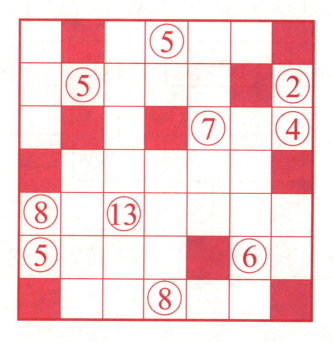

114. 数字配对

先看两个数字 3,不管它们之间如何相连,数字 4 之间的连线一定会经过(7,7);而两个数字 5 之间就只能直接相连了,这时,数字 3 只能从 5 的左边绕过去……再结合两条规则,即可推算出答案。

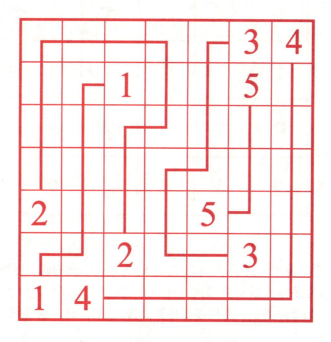

115. 拼图游戏

方法如下图所示。

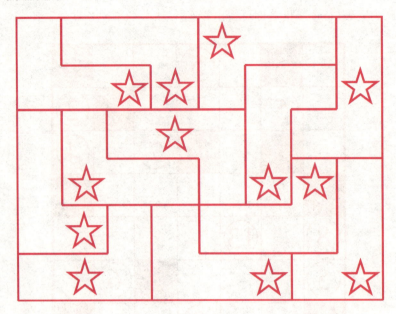

116. 拼正方形

方法如下图所示。

4	5	1	9	2
5	6	3	1	4
1	3	9	5	1
9	1	5	7	8
2	4	1	8	2

117. 积木数独

因为每个框里要涂黑四个格子,而（2,3）和（5,5）所在的两个区域都只有四个空格,所以都要涂黑。因为黑色方格不能形成大正方形,所以（2,2）为白色,那么（1,1）到（1,4）的四个格子都要涂黑了。这样逐步推算下去,就能得到正确答案。

第三部分 魔鬼训练：数独的近亲

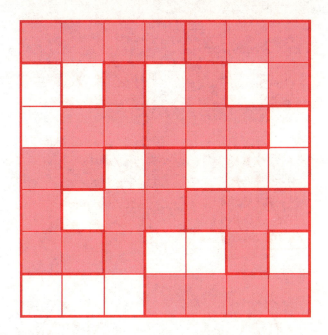

118. 正方形钉板

方法如下图所示。

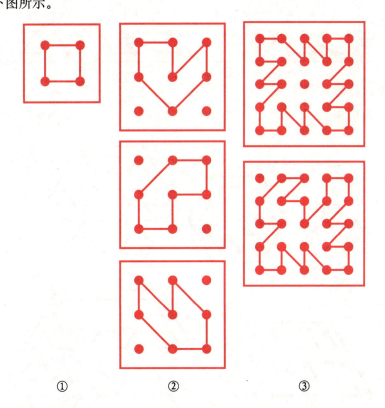

① ② ③

119. 三角形钉板

方法如下图所示。

120. 正六边形钉板

方法如下图所示。

121. 连成四边形

方法如下图所示。

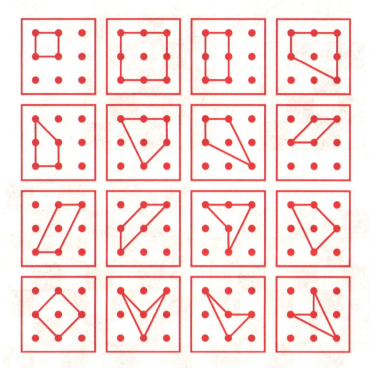

122. 4等份钉板

方法如下图所示。

123. 放皇后

方法如下图所示。

124. 国王

至少需要摆 12 个国王在下图圆圈所在的位置。

125. 走遍天下

至少要走 15 步，方法如下图所示。

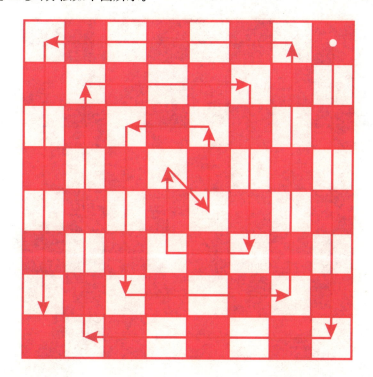

126. 皇后巡游

至少需要走 14 步，方法如下图所示。

127. 象巡游

如下图所示,它最多可以进入 29 个黑色的格子。

128. 摆象

最多可以摆 14 个,如下图所示。

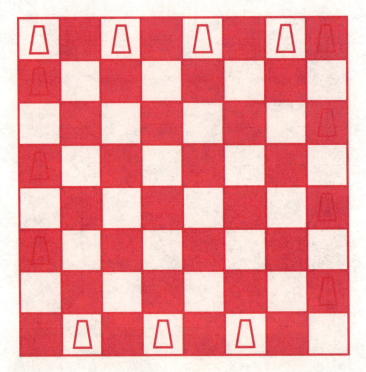

第三部分 魔鬼训练：数独的近亲

129．车的巡游

至少需要走 16 步，方法如下图所示。

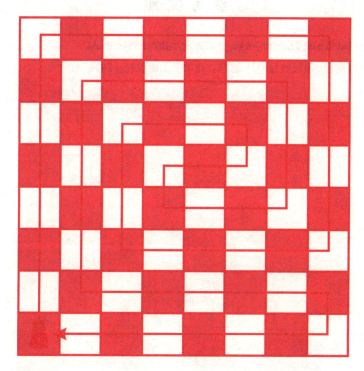

130．放五角星

方法如下图所示。

161

参 考 文 献

[1] http://tieba.baidu.com/f?ie=utf-8&kw=%E6%95%B0%E7%8B%AC.
[2] 北京广播电视台. 顶级数独 [M]. 北京：化学工业出版社，2011.